# The War Is Over

*: God is Not Mad,
So Stop Struggling With Sin and Judgement*

by
Andrew Wommack

**Harrison House**
Tulsa, Oklahoma

The War Is Over
God is not mad, so stop struggling with sin and judgement

ⓒ 2008 by Andrew Wommack Ministries - Europe
PO Box 4392, Walsall, WS1 9AR, England

Korean, Korea Edition Copyright
ⓒ 2012 by The Word of Faith Co.
All rights reserved.

전쟁은 끝났습니다(개정판)

발행일  2012. 8. 24  1판 1쇄 발행
　　　　2025. 8. 30  2판 1쇄 발행

지은이　앤드류 워맥
옮긴이　반재경
발행인　최순애
발행처　믿음의 말씀사
2000. 8. 14 등록 제 68호
우)18365 경기도 화성시 만년로 915번길 27 B동
TEL. 031)8005-5483  FAX. 031)8005-5485
http://faithbook.kr

ISBN 89-94901-30-2  03230
값 15,000원

＊본 책에 인용된 성경 구절은 개역개정이며, 예외의 경우에는 따로 표기했습니다.

본 저작물의 저작권은 '믿음의 말씀사'가 소유합니다.
저작권법에 의해 보호를 받는 저작물이므로 무단 전재와 복제를 금합니다.

# 전쟁은 끝났습니다

하나님은 화가 나지 않으셨으니,
죄와 심판과의 고투를 멈추십시오

앤드류 워맥 지음 | 반재경 옮김

믿음의말씀사

| 목차 |

서문 _ 6

1장  사람들을 향한 선하신 뜻 _ 9
2장  하나님과 화목하라 _ 25
3장  예수님께서 모두 가져가셨다 _ 37
4장  그를 상하게 하는 것을 기뻐하사 _ 51
5장  의로 굳게 설 것이라 _ 63
6장  모든 심판 _ 73
7장  복음을 깨달으라 _ 91
8장  믿음으로 의로워지다 _ 105
9장  죄에 거하겠느냐 _ 119
10장 영원한 속죄 _ 129

11장  참된 거래 _ 145

12장  영과 육, 그 결정적인 차이 _ 157

13장  온전한 상태로 거듭나다 _ 169

14장  견고하고 흔들림 없는 관계 _ 183

15장  '요한일서 1장 9절'은 어떻게 이해해야 하는가 _ 193

16장  하나님의 참 본성 _ 205

17장  긍휼로 행하시는 하나님 _ 217

18장  옛 언약과 새 언약 _ 233

19장  영적 난독증 _ 249

20장  사랑의 동기 _ 259

21장  하나님은 마음을 보신다 _ 273

22장  그분의 사랑을 받으라 _ 287

# 서문

이 책 『전쟁은 끝났습니다』는 당신을 기쁘게 하거나 불쾌하게 만들 수는 있어도, 이제는 더 이상 무관심한 채로 머물 수 없을 것입니다. 저는 이 책에서 하나님의 말씀을 사용하여 오늘날 '기독교'로 가장한 수많은 종교적 가르침에 맞서고 복음의 진리를 바로 세울 것입니다. 제가 이 메시지를 전할 때마다 많은 사람들이 처음에는 충격을 받았지만, 이 진리들을 묵상하면서 자유롭게 되었다고 말했습니다(요 8:32).

하나님은 당신에게 화가 나지 않으셨다는 사실을 받아들이기가 어려우십니까? 당신이 무엇을 하든 하지 않든 상관없이 하나님은 당신을 사랑하신다는 사실을 들어보셨습니까? 그리고 그분의 사랑은 당신의 행위에 근거한 것이 아니라는 사실을 받아들이셨습니까? 믿는 방식에 근본적인 변화가 필요한 그리스도인들이 많습니다. 성경은 우리가 바른 결과를 얻지 못하고 있다면, 그것은 우리가 올바로 믿고 있지 않기 때문이라고 분명히 말씀합니다.

> 그의 마음의 생각이 어떠함같이 그도 그러하니라.
>
> 잠언 23:7, 킹제임스 흠정역

우리의 사고방식을 바꾸는 일에는 거부감이 따르지만, 우리는 바로 그 사고방식 때문에 지금의 우리가 된 것입니다. 제가 만난 대부분의 그리스도인들은 자신이 하나님으로부터 무언가를 받는 데에 있어 여전히 개선해야 할 부분이 많다고 느끼고 있었습니다.

이 메시지는 당신이 그토록 바라던 하나님과의 관계에 전환점을 가져다줄 수 있습니다. 저는 당신이 하나님과 다시 화목하고 친밀한 관계를 회복할 수 있도록 돕고자 합니다. 이 책에 담긴 진리들이 낯설게 들린다는 이유만으로 외면하지 않기를 바랍니다. 주님께 귀 기울이고 그분이 당신에게 말씀하시도록 마음을 여십시오. '전쟁은 끝났다!'는 사실을 알게 될 때, 당신은 깊은 감동을 경험하게 될 것입니다.

# 1장
# 사람들을 향한 선하신 뜻

바로 그 지역에서 목자들이 들에 거하며 밤에 자기 양 떼를 지키더라. 보라, 주의 천사가 그들에게 임하고 주의 영광이 그들 주위를 두루 비추매 그들이 심히 두려워하더라. 천사가 그들에게 이르되, 두려워하지 말라. 보라, 내가 온 백성에게 미칠 큰 기쁨의 좋은 소식을 너희에게 가져왔노라. 이 날 다윗의 도시에 너희를 위해 구원자 곧 그리스도 주께서 태어나셨느니라. 이것이 너희에게 표적이 되리니 곧 너희가 포대기에 싸여 구유에 누인 아기를 보리라, 하매 갑자기 하늘의 군대의 무리가 그 천사와 함께하며 하나님을 찬양하여 이르되, 가장 높은 곳에서는 하나님께 영광이요, 땅에서는 평화와 사람들을 향한 선하신 뜻이로다 하니라.

누가복음 2:8-14, 킹제임스 흠정역

이 구절은 우리에게 매우 익숙한 성경 말씀입니다. 우리는 종종 이 말씀을 인용해 '크리스마스 분위기'를 만들어내곤 합니다. 하지만 문제는 우리가 이 말씀이 실제로 무엇을 말하고 있는지 깊이 생각해 보지 않는다는 데에 있습니다.

누가복음 2장 14절은 "가장 높은 곳에서는 하나님께 영광이요, 땅에서는 평화와 사람들을 향한 선하신 뜻이로다"라고 되어 있지만 실제로 많은 번역본에서는 이를 '사람들 중에 평화로다' 또는 '선한 뜻을 입은 사람들에게 평화로다'와 같이 번역했습니다. 이런 해석이 지배적이었기 때문에 대부분의 사람들은 이 구절에서 천사들이 예수님의 오심으로 분열이 멈추고 갈등이 사라지며 이 땅에 평화의 새 시대가 열린다고 선포한 것으로 이해해 왔습니다. 다시 말해, 주님이 사람들 사이에 평화를 가져다주시기 위해 오셨다고 믿는 것입니다. 그러나 사실 이 구절이 말하는 바는 그것이 아닙니다.

## 검

예수님께서 친히 이렇게 선포하셨습니다.

> 내가 세상에 화평을 주러 온 줄로 생각하지 말라 화평이 아니요 검을 주러 왔노라 내가 온 것은 사람이 그 아버지와, 딸이

어머니와, 며느리가 시어머니와 불화하게 하려 함이니 사람의 원수가 자기 집안 식구리라 　　　　마태복음 10:34-36

주님은 또한 마지막 때를 알리는 징조 중 하나로 전쟁과 분열 그리고 갈등이 더욱 심해질 것이라고 예언하셨습니다.

난리와 난리 소문을 듣겠으나 너희는 삼가 두려워하지 말라 이런 일이 있어야 하되 아직 끝은 아니니라 민족이 민족을 나라가 나라를 대적하여 일어나겠고 곳곳에 기근과 지진이 있으리니 이 모든 것은 재난의 시작이니라
　　　　　　　　　　　　　　　　　마태복음 24:6-8

그래서 우리는 예수님께서 사람들 사이에 평화를 주시기 위해 오셨다는 견해를 지지할 수 없습니다. 물론 평강의 왕이신 예수님을 마음에 받아들이는 사람들에게 유익이 따르는 것이 사실입니다(사 9:6). 하나님의 은혜로 인해 우리는 오른뺨을 맞으면 왼뺨도 돌려줄 수 있고 원수를 사랑할 수 있으며 차원이 다른 사랑을 실천할 수도 있습니다(눅 6:27-29, 고전 13). 구원을 받은 사람들에게 놀라운 평화가 따르게 된다는 사실을 부정하는 것은 아닙니다. 그러나 천사들이 외쳤던 메시지는 그것이 아니었습니다. 그것은 예수님께서 친히 말씀하신 그분이 이 땅에 오신 목적이 아니었습니다.

## 예수님께서 전쟁을 끝내셨다

그렇다면 천사들이 외친 메시지는 무엇이었을까요?

가장 높은 곳에서는 하나님께 영광이요, 땅에서는 평화와 사람들을 향한 선하신 뜻이로다, 하니라.

누가복음 2:14, 킹제임스 흠정역

그들이 선포한 메시지는 바로 이것이었습니다. "평화로다. 사람들을 향한 하나님의 선하신 뜻이로다!"

주 예수 그리스도께서 이 땅에 오시기 전까지 하나님은 사람들의 죄를 대적하는 전쟁 가운데 계셨습니다. 사람들의 삶 가운데 죄가 있었기 때문에 하나님의 진노가 그들에게 임했던 것입니다. 많은 그리스도인들이 이 부분을 명확히 구분해서 보지 않고 성경 전체를 뒤섞어 하나로 이해해 버리곤 합니다. 그러나 하나님의 말씀을 자세히 살펴보면 구약에서는 하나님께서 사람들에게 진노하시고 심판하셨지만, 신약의 관점에서는 그것이 더 이상 정당하게 적용되지 않으며 지금은 옳은 방식이 아님을 알 수 있습니다. 왜일까요? 예수님께서 하나님과 사람 사이의 전쟁을 끝내셨기 때문입니다. 그분이 모든 것을 바꾸어 놓으셨습니다!

그런데도 대부분의 사람들은 이러한 구분을 하지 않고 모두 뒤섞어 생각합니다. 그들은 여전히 하나님께서 우리의 죄에 대해 진노하고 계신다고 믿습니다. 하나님과 사람 사이에 아직도 전쟁이 계속되고 있으며 자신이 죄를 지을 때마다 그것이 다시 하나님을 진노하게 만드는 일이라고 잘못 생각하는 것입니다. 우리는 사람들이 "하나님이 몹시 화가 나셨다!"라고 말하며 구약에서 하나님의 진노가 사람들에게 임했던 구절을 인용하는 것을 자주 보게 됩니다. 그들은 이렇게 외칩니다. "하나님께서 노하셨습니다. 이 나라를 불붙은 가느다란 실에 매달아 지옥 위에 걸어두셨습니다. 이제 막 마귀에게 넘기려 하십니다." 일부 그리스도인들은 최근 몇 년간 발생한 허리케인과 쓰나미를 하나님께서 보내신 것이며 앞으로 다른 재앙들도 일으키실 것이라고 선포하고 있습니다. 몇몇 유명한 종교 지도자들은 9·11 테러를 일으키신 분이 하나님이시며 그것으로 미국에 대한 그분의 심판이 시작된 것이라고 주장했습니다. 그들은 지금도 하나님께서 사람들에게 진노하고 계신다고 주장합니다.

**기쁜 소식**

그러나 그것은 신약이 전하는 메시지가 아닙니다. 예수님의 탄생을 알렸던 천사들은 복음의 본질을 알고 있었습니다. 예수님께서 죄의 값을 치르기 위해, 우리를 속량하시기 위해 그리고 죄에 대한 하나님의 진노를 끝내기 위해 오셨다는 사실을 그들은 알고 있었습니다. 신약의 교회는 사람들에게 그들의 죗값이 이미 치러졌음을 선포해야 합니다. 우리가 사람들에게 전해야 하는 것은 복음입니다.

복음은 기쁜 소식입니다. 실제로 '복음'으로 번역된 헬라어 단어는 문자 그대로 '사실이라고 하기엔 너무 좋은 소식'이라는 뜻입니다. 하나님께서 나에게 노하지 않으시며 나를 사랑하시고 그분의 모든 축복을 나에게 베풀기를 원하신다는 사실, 이것이 바로 복음입니다.

오늘날 대부분의 교회는 이 사실을 설교하지 않고 있습니다. 우리는 여전히 "하나님은 너희들에게 노하셨다."라고 사람들에게 말하면서 왜 그들이 교회를 찾지 않는지 의아해합니다. 사람들을 회개로 이끄는 것은 하나님의 선하심입니다(롬 2:4).

하나님은 공의로우신 분이지만 예수님께서 그 값을 이미 치르셨습니다(고전 6:20). 예수님은 하나님께서 인류를 대하시는 방식을 완전히 바꾸셨습니다. 이것이 바로 천사들이 외쳤던 메시지였습니다.

### 하나님은 화나지 않으셨다

바울은 고린도 성도들에게 보낸 서신에서 예수님의 사역을 요약하면서 자신도 같은 메시지를 전했습니다.

그런즉 누구든지 그리스도 안에 있으면 새로운 피조물이라 이전 것은 지나갔으니 보라 새 것이 되었도다 모든 것이 하나님께로서 났으며 그가 그리스도로 말미암아 우리를 자기와 화목하게 하시고 또 우리에게 화목하게 하는 직분을 주셨으니 　　　　　　　　　　고린도후서 5:17-18

'화목하게 한다' 는 것은 한마디로 우호적인 관계로 만들거나 다시 조화를 이루게 한다는 뜻입니다. 하나님은 더 이상 당신에게 진노하고 계시지 않다는 사실을 이제 알 수 있지 않습니까?

앞으로 이 책에서 나누고자 하는 내용 중에는 오늘날 기독교 문화와 매우 상반되는 것들도 있기 때문에 어쩌면 그것들을 거절하고 이 책을 덮어버리고 싶은 충동이 들 수도 있습니다. 그렇다 해도 저는 성령께서 당신에게 친히 증거해 주실 것을 신뢰하며 믿음으로 한 걸음 내디뎌서 파격적인 내용을 전하려 합니다. 당신이 끝까지 이 책을 읽어서 제가 이 말씀들을 충분히 설명할 기회를 얻게 되기를 기도합니다. 이 책은 하나님과의 관계에서 당신이 그동안 기다려 왔던 돌파구가 되어 줄 수 있습니다.

하나님은 화나지 않으셨습니다. 이것은 많은 그리스도인들이 쉽게 받아들이지 못하는 부분입니다. 그러나 하나님께서는 믿는 자들에게 진노하고 계시지 않을 뿐 아니라 믿지 않는 자들에게도 화가 나지 않으셨습니다. 하나님은 이 나라를 심판하려고 하지 않으십니다.

**진노는 해소되었다**

제가 예전에는 '하나님께서 미국을 심판하지 않으신다면 소돔과 고모라에게 사과하셔야 한다'고 설교하곤 했습니다. 미국도 소돔과 고모라 못지않게 타락했기 때문입니다(창 13:13, 18:20). 하나님의 말씀에 대한 저의 생각이 새롭게 되지 않았기 때문에 그렇게 말했던 것입니다. 그러나 이제는 하나님께서 만약 지금 미국을 심판하신다면 예수님께 사과하셔야 할 것이라는 사실을 압니다.

예수님은 하나님께서 인류와 관계하시는 방식을 바꿔 놓으셨습니다. 이것이 바로 누가복음 2장 14절에서 천사들이 주님을 찬양했던 이유입니다. 그들은 이렇게 외친 것입니다. "가장 높은 곳에서는 하나님께 영광! 전쟁은 끝났다!" 하나님의 진노는 대속되었고 또한 해소되었습니다. 그 진노는 그분의 아들에게 쏟아졌으며 이제 하나님께서는 우리에게 더 이상 진노하지 않으십니다.

> 모든 것이 하나님께로서 났으며 그가 그리스도로 말미암아 우리를 자기와 화목하게 하시고 또 우리에게 화목하게 하는 직분을 주셨으니　　　　　　　　　　고린도후서 5:18

주님은 우리와 하나님의 관계를 우호적이고 친밀한 관계로 회복시켜 주셨습니다. 믿는 자들뿐 아니라 모든 인류가 다시 하나님과 조화를 이루게 하신 것입니다. 빚은 모두 청산되었습니다. 이제 우리는 이 사실을 받아들여야 합니다. 주께서 공급해 놓으신 것들이 우리 삶에 온전히 영향을 미치기 위해서는 우리의 믿음을 주님께 두어야 합니다. 하나님의 진노는 해소되었습니다. 사람들이 하나님과 화해하지 않을 수는 있지만 하나님께서는 이미 사람들과 화해하셨습니다. 그분의 진노는 끝났고 그 결과 우리에게 화목하게 하는 직분을 맡기신 것입니다.

오늘날 기독교가 세상에서 지금보다 더 큰 영향력을 발휘하지 못하는 이유는 우리가 이 메시지를 전하지 않고 있기 때문입니다.

### 하나님의 능력

내가 복음을 부끄러워하지 아니하노니 이 복음은 모든 믿는 자에게 구원을 주시는 하나님의 능력이 됨이라 먼저는 유대인에게요 그리고 헬라인에게로다       로마서 1:16

여기에서 '구원'이라고 번역된 헬라어 원어의 뜻은 단지 죄의 용서에만 국한되지 않습니다. 이 단어는 또한 치유, 형통, 해방 deliverance 등 예수님께서 이 땅에 오셔서 이루고자 하셨던 모든 것을 포함합니다. 그렇기 때문에 예수 그리스도의 복음을 통해 우리로 하여금 구원(죄의 용서, 치유, 형통, 해방)을 받게 하는 하나님의 능력은 예수 그리스도의 복음을 통해 풀어지며 이 복음은 사실이라고 하기엔 너무 좋은 소식입니다.

전반적으로 교회는 이것을 전하고 있지 않습니다. 오히려 이렇게 말합니다. "당신은 죄인이기에 지옥에 갈 것입니다. 하나님은 당신에게 진노하셨습니다!" 거듭나기 전 우리가 본성적으로 죄인이었던 것은 사실이고 우리의 죄가 우리를 하나님으로부터 갈라놓았습니다. 그러나 그것이 비록 사실일지라도, 그것은 '좋은 소식'이 아닙니다. 곧, 복음이 아닌 것입니다.

복음이 말하는 것은, 하나님께서 우리의 죄에 대한 모든 형벌을 예수님께 쏟으셨다는 것입니다. 우리의 죄와 부족함 그리고 연약함에도 불구하고 그리스도께서 우리를 위해 값을 지불하셨습니다. 공의는 우리에게 형벌을 내리려 했지만, 예수님께서 우리를 대신해 그 형벌을 감당하셨습니다. 이제 하나님의 진노는 영원히 해소되었습니다. 하나님은 사람들에게 화가 나 있지 않으십니다. 예수님께서 값을 치르셨기에 우리가 해야 할 일은 그 값을 받아들이는 것뿐입니다. 이것이 좋은 소식입니다. 이것이 복음입니다!

사실이라고 하기엔 너무 좋은 이 복음을 대부분의 교회가 전하지 않기 때문에 사람들이 주님께 나오지 않는 것입니다. 오늘날 복음의 능력이 드러나는 일이 드물고 그 결과 사람들은 복음을 외면하고 있습니다.

## 그들의 죄를 그들에게 돌리지 아니하시고

저는 교회를 반대하는 사람이 아닙니다. 하나님의 사람들이 어디에 있든 저는 그들을 사랑합니다. 하지만 말씀에 기록되고 말씀에 드러난 그대로의 복음을 들을 때, 그것을 알아보는 사람은 극히 드뭅니다. 그래서 저는 각 도시에서 집회를 열 때, '교회'라 불리는 건물보다는 호텔이나 컨벤션 센터를 선호합니다. 왜냐하면 하나님은 더 이상 화나 계시지 않다고 설교했다는 이유로 어떤 도시에서는 쫓겨나고 라디오 방송에서 퇴출당하고 TV 방송에서도 하차당한 적이 있기 때문입니다. 그러나 이것이야말로 예수님의 탄생 당시 천사들이 선포했던 바로 그 메시지입니다.

> 가장 높은 곳에서는 하나님께 영광이요, 땅에서는 평화와 사람들을 향한 선하신 뜻이로다, 하니라.
>
> 누가복음 2:14, 킹제임스 흠정역

천사들은 이렇게 선포했습니다. "하나님은 화나지 않으셨다. 평화가 임했다. 그분은 너희에게 진노하고 계시지 않는다!" 그런데도 오늘날 사람들은 하나님께서 얼마나 분노하셨는지를 다른 이들에게 알리려 합니다. 그렇게 해야 사람들이 지옥을 피하리라고 생각하기 때문입니다. 그러나 그런 방식은 결코 효과가 없습니다.

주님은 우리에게 화목하게 하는 직분을 주셨습니다.

> 곧 하나님께서 그리스도 안에 계시사 세상을 자기와 화목하게 하시며 그들의 죄를 그들에게 돌리지 아니하시고 화목하게 하는 말씀을 우리에게 부탁하셨느니라   고린도후서 5:19

'하나님께서 그리스도 안에 계시사 … 그들의 죄를 그들에게 돌리지 아니하시고'라는 부분을 주목해 보십시오. 여기에서 '돌리다impute'라는 말은 '책임을 가하다hold against'라는 뜻으로, 사실 회계 용어입니다. 물건을 구입할 때 "외상으로 해 주세요"라고 말하면, 가게 주인은 그 내역을 장부에 적어 둡니다. 그리고 나중에 한꺼번에 갚게 됩니다. 그런데 '돌리지 아니하신다'는 말은, 마치 내가 신용카드로 어떤 물건을 구입했는데도 그것이 내 카드 내역에 영원히 청구되지 않는 것과 같습니다. 그 책임이 내게 전가되지 않는 것입니다. 이처럼 이 구절은 '하나님께서 그리스도 안에 계시사' 사람들의 죄를 그들에게 돌리지 아니하신다고 말합니다.

**입막음용 돈인가?**

이런 이유로 예수님은 당시 사람들에게 지나치게 파격적인 분으로 여겨졌고 바로 그 때문에 종교 지도자들이 그분을 대적했던 것입니다. 그들은 사람들을 향한 하나님의 진노를 끊임없이 상기시키는 방식으로 권력을 유지하고 사람들을 자신의 통제 아래 둘 수 있었습니다. 그들은 이렇게 말했습니다. "우리가 진리를 가진 자들이다. 너희가 우리 회당에 나오지 않거나 십일조를 바치지 않거나 그 밖의 여러 규례들을 따르지 않으면 하나님께서 너희를 벌하실 것이다!"

이것은 마치 마피아 같습니다. 마피아 조직원 하나가 와서 이렇게 말합니다. "이 동네엔 방화 사건도 많고 가게들이 털리는 일도 자주 일어나. 당신 가게도 그런 일을 당할 수 있어. 하지만 돈을 내면, 우리 애들이 그런 일 안 생기게 막아 줄게." 물론 그 모든 일을 벌이고 있는 쪽이 바로 그들이기에, 결국은 '입막음 돈'을 요구하는 셈입니다.

어떤 의미에서 이것은 많은 교회들이 전하는 내용과 같습니다. "하나님은 당신에게 진노하고 계시며 곧 당신을 치실 준비를 하고 계십니다. 하지만 당신이 교회에 나가고, 십일조를 바치고, 매일 한 시간씩 성경을 읽고, 이것도 하고 저것도 하면 하나님의 진노를 달랠 수 있습니다. 그러면 하나님께서 당신의 자녀들이 병원에 갈 일이 없도록 해 주실 것이고 당신의 결혼 생활도 망치지 않으실 것이며 당신 삶도 파괴하지 않으실 것입니다." 저는 상당 부분 교회가 마피아와 비슷하다고 생각합니다. "당신이 돈을 내고, 우리가 정해 놓은 '의무 사항들'을 잘 지키면, 하나님께서 당분간은 당신을 건드리지 않으실 것입니다." 그들은 이런 식으로, 사람들로 하여금 주님을 섬기게 하려 하지만 그것은 잘못된 방법입니다.

말씀은 하나님께서 그리스도 안에 계셔서 사람들의 죄를 그들에게 돌리지 '않으신다'고 계시합니다. 예수님은 그분의 말씀뿐 아니라 그분의 삶을 통해 이렇게 선포하셨습니다. "하나님은 더 이상 너희에게 진노하지 않으신다. 너희의 죄는 더 이상 문제가 되지 않는다!"

당신이 이렇게 말한다고 해 봅시다. "이제 당신의 죄는 하나님께 문제가 되지 않습니다." 그러면 많은 그리스도인들이 당신에게 돌을 던지려 할 것입니다. "어떻게 그런 말을 할 수 있습니까? 당신은 죄를 가볍게 여기고 있어요. 마치 죄를 지어도 아무 문제가 없는 것처럼 말하네요!" 아닙니다. 저는 그런 뜻으로 말하는 것이 아닙니다. 저는 그 누구에게도 죄를 지으라고 부추기고 있는 것이 아닙니다. 이 책을 계속 읽어가신다면, 이 모든 내용을 보다 균형 있게 바라보게 되실 것입니다.


## 죄는 문제의 쟁점이 아니다

제가 나누는 내용을 듣고 "이거 정말 멋지네요! 너무 좋아요! 이제 맘 놓고 죄 가운데 살 수 있겠네요!"라고 말하는 사람이 있다면, 그 사람은 거듭나야 합니다. 성경은 이렇게 말합니다.

> 주를 향하여 이 소망을 가진 자마다 그의 깨끗하심과 같이 자기를 깨끗하게 하느니라             요한일서 3:3

예수님처럼 되기를 소망하는 참으로 거듭난 사람이라면 죄를 이길 방법을 찾지, 죄를 탐닉하려 하지는 않을 것입니다. 그런데 제가 하는 말을 두고 "워맥 목사가 사람들에게 죄를 짓도록 부추기고 있다"라고 말한다면, 그것은 거짓말이거나 아니면 제가 전하려는 바를 오해한 것입니다.

사람들이 저에게 죄를 가볍게 여긴다고 비난하면, 저는 이렇게 대답합니다. "당신은 예수님을 가볍게 여기고 있습니다!" 저는 죄가 나쁘지 않다거나 계속 죄 가운데 살아도 된다고 말하는 것이 아닙니다. 죄는 끔찍한 것입니다. 그러나 죄가 예수님보다 크지는 않습니다. 주님께서 우리의 죗값을 치르셨고(고전 6:20, 7:23), 예수님께서 지불하신 값은 온 세상의 모든 죄보다 훨씬 더 큽니다. 예수님의 피 한 방울이 이 세상의 모든 더러움과 경건하지 않은 것을 다 합친 것보다 더 거룩하고, 더 의롭고, 더 깨끗합니다. 주 예수 그리스도께서 우리 죄를 위하여 죽으셨을 때, 그분의 희생은 하나님의 진노를 영원히 충족시켰습니다. 죄는 이제 문제의 쟁점이 아닙니다.

## 2장

# 하나님과 화목하라

일반적인 생각과는 달리, 사람들은 그들의 죄 때문에 지옥에 가는 것이 아닙니다. 지불된 죗값을 거절했기 때문에 구세주를 영접하지 않았기 때문에 지옥에 가는 것입니다. 그리스도인들이 "욕하고 담배 피우고 또 그런 종류의 일들을 끊지 않으면, 하나님은 당신을 용납하지 않으실 겁니다"라고 말할 때 그것은 사람들의 죄를 그들에게 돌리는 것입니다. 또한 예수님께서 하신 희생의 가치를 떨어뜨리고 깎아내리는 것입니다. 그것은 결국 이렇게 말하는 것이나 마찬가지입니다. "당신의 죄가 예수님께서 십자가에서 하신 일보다 더 크고 더 중요합니다."

그러나 하나님은 예수님 안에서 사람들의 죄를 그들에게 돌리지 않으셨습니다. 죄는 문제의 쟁점이 아닙니다. 진짜 쟁점은 사람들이 예수님에 관해 어떤 선택을 하느냐입니다. 그분께 삶을 드렸는가, 아니면 거절했는가. 이것이 본질입니다. 예수님을 자신의 구세주로 받아들이지 않는 것은 자신의 죄에 대한 유일한 대속의 값을 거절하는 것입니다. 하나님의 아들을 통하지 않고는 아버지께 가는 다른 길은 없습니다.

> 예수께서 이르시되 내가 곧 길이요 진리요 생명이니 나로 말미암지 않고는 아버지께로 올 자가 없느니라
> 요한복음 14:6

사람들이 자신들의 죗값을 대신 치르신 주 예수 그리스도를 받아들이지 않는다면 죄 때문이 아니라 예수님을 거절한 것 때문에 하나님께 거절당하고 지옥에 던져질 것입니다. 그들의 죄 때문이 아니라 예수님을 거절했기 때문입니다. 그들은 지옥에서 자신의 죄에 대한 책임을 지고 그 값을 치러야만 할 것입니다. 그러나 그 모든 죄에 대한 값은 예수님에 의해 이미 치러졌습니다. 그렇기 때문에 죄는 문제의 진짜 쟁점이 아닙니다. 진짜 쟁점은 당신이 예수님에 관해 어떤 선택을 하느냐입니다!

**하나님의 사랑을 받아들이라**

주 예수 그리스도를 영접했다면, 그 사람은 거듭난 것입니다. (아직 영접하지 않았다면, 이 책 맨 뒤에 있는 영접 기도문을 참고

하십시오.) 죄는 이제 문제가 아닙니다. 하나님은 당신의 죄 때문에 화내고 계시지 않습니다. 주님이 바라시는 것은 당신이 죄에 그만 집중하고 그분의 사랑을 받아들이는 것입니다. 당신에게 사랑받을 자격이 없을지라도, 하나님은 당신을 사랑하십니다. 당신이 자신을 기뻐하지 않을지라도 하나님은 당신을 기뻐하십니다. 예수님이 치르신 대속의 값을 깨달을 수만 있다면, 당신은 주님과 사랑에 빠질 수밖에 없을 것입니다. 그리고 믿음은 사랑으로 역사하기 때문에(갈 5:6), 당신의 믿음은 지붕을 뚫고 치솟게 될 것입니다!

이러한 사고방식을 가지고 말씀을 읽는다면 요한일서 5장이 훨씬 잘 이해될 것입니다.

> 우리가 하나님을 사랑하고 그의 계명들을 지킬 때에 이로써 우리가 하나님의 자녀를 사랑하는 줄을 아느니라 하나님을 사랑하는 것은 이것이니(영어 킹제임스 역에는 '하나님의 사랑은 이것이니', 역자 주) 우리가 그의 계명들을 지키는 것이라 그의 계명들은 무거운 것이 아니로다    요한일서 5:2-3

이 구절은 "하나님께서 너를 사랑하게 만들려면, 계명을 지켜라."라고 말하고 있는 것이 아닙니다. 이 구절이 말하고자 하는 바는 이렇습니다. "하나님의 사랑을 깨달으면, 그분의 계명을 지키게 될 것이다." 예수님이 당신을 얼마나 사랑하시는지, 또 하나님 아버지와 화목하게 하시기 위해 치르신 값이 얼마나 컸는지를 참으로 깨닫는다면, 이전보다 더 자연스럽게, 자발적으로 그분을 섬기게 될 것입니다. 두려움 때문에 애써 거룩하게 살려 했던 때와는 달리, 이제는 사랑에 이끌려 더 거룩하게 살게 될 것입니다. 그리고 하나님과의 관계 속에서 이전에는 누려보지 못했던 전혀 새로운 기쁨과 평안을 누리게 될 것입니다.

> 곧 하나님께서 그리스도 안에 계시사 세상을 자기와 화목하게 하시며 그들의 죄를 그들에게 돌리지 아니하시고 화목하게 하는 말씀을 우리에게 부탁하셨느니라　　고린도후서 5:19

이것이 교회가 전해야 할 말씀입니다. 하나님은 화나지 않으셨습니다. 기분이 나쁘신 것도 아닙니다. 그분은 우리를 사랑하시고 우리를 위해 값을 치르셨습니다. 그분을 받아들이십시오. 그분의 사랑을 받아들이십시오. 우리는 이렇게 말해서는 안 됩니다. "이 나라가 회개하지 않으면 하나님께서 심판하실 것입니다. 하나님의 진노가 임하고 있습니다!" 단도직입적으로 말해, 그것은 진리가 아닙니다. 하나님께서 9·11 사태 때 테러리스트를 보내 그 많은 사람들을 죽이신 것이 아닙니다. 하나님께서 허리케인과 쓰나미를 보내 도시들을 폐허로 만들고 수많은 사람들을 쓸어버리신 것도 아닙니다. 그건 하나님이 하신 일이 아닙니다.

그러나 이 은혜의 시대 곧 교회의 시대가 끝나는 때가 오고 있습니다. 요한계시록은 주님께서 "좋아, 이제 끝이다."라고 말씀하시는 순간이 올 것임을 분명히 말하고 있습니다. 그때 그분을 영접한 사람들은 기쁨과 평안 가운데로 받아들여질 것이고 그분을 거절한 사람들은 하나님의 진노를 받게 될 것입니다. 그리고 요한계시록에 기록된 대로 하나님의 심판이 쏟아지는 그때에는, 아무도 '이것이 하나님의 진노인가?' 하고 의심하지 않을 것입니다. 모두가 무슨 일이 일어나고 있는지를 의심할 여지 없이 정확히 알게 될 것이기 때문입니다. 2004년과 2005년에 발생했던 엄청난 허리케인조차도 그 앞에서는 아무것도 아닌 것처럼 보일 것입니다. 그 누구도 '그것이 하나님의 진노였을까?' 라고 의논하거나 추측하지 않을 것입니다. 모두가 분명히 알게 될 것이기 때문입니다.

하지만 지금은 하나님의 은혜가 모든 사람에게 베풀어져 있습니다. 그러므로 우리는 "하나님께서 당신을 사랑하십니다!"라고 말해야 합니다. 우리는 그리스도께서 이 땅에 오셨을 때 천사들이 노래했던 그 말을 전해야 합니다. "지극히 높은 곳에서는 하나님께 영광이요, 땅에서는 하나님께로부터 오는 평화, 사람들을 향한 하나님의 선하신 뜻이로다! 하나님은 당신에게 화나지 않으셨습니다!" 이것이야말로 얼마나 놀라운 소식입니까!

## 주님을 정확하게 대변하라

> 이제 우리가 그리스도를 위한 대사가 되어
>
> 고린도후서 5:20, 킹제임스 흠정역

타국에 파견된 대사는 자기가 하고 싶은 말을 마음대로 선포하지 않습니다. 대사는 본국과의 접촉을 유지해야 합니다. 그래야 본국을 정확하게 대변할 수 있습니다. 예를 들어 미국의 모든 대사는 미국의 대통령과 국민들을 대변합니다. 그렇기 때문에 자기 마음대로 메시지를 만들어낼 수 없습니다. 그들의 임무는 그들을 파견한 사람들을 정확하게 대변하는 것입니다. 믿는 자들로서 우리도 마찬가지입니다. 우리는 하나님을 대변하도록 부르심을 받은 사람들입니다.

우리는 예수님께서 하셨던 것과 동일한 사역을 해야 합니다. 하나님께서는 그리스도 안에서 인류의 죄를 그들에게 돌리지 않으셨습니다. 예수님은 세리, 창녀 그리고 다른 죄인들과 함께 먹고 마셨습니다. 이들은 당시 종교 제도에 의해 너무나 정죄를 받아 하나님과는 아무런 관계도 없는 사람들처럼 여겨졌던 이들입니다. 그러나 예수님은 그들과 관계를 맺으셨고 사랑을 베푸셨습니다. 그리고 우리는 그분의 대사들입니다. 그러므로 우리는 그분의 메시지를 전해야 합니다. 주님의 말씀에 기록된 대로, 그분이 우리에게 하라고 하신 그 말을 전해야 합니다.

오늘날 대부분의 그리스도인들은 그 메시지를 선포하지 않습니다. 그들은 수백 년 동안 굳어져 온 종교적인 제도를 받아들였습니다. 그러고는 이렇게 말합니다. "하나님은 화가 나셨다. 당신이 해야 할 것들을 하지 않으면, 하나님께서 당신에게 진노를 쏟아부으실 것이다. 당신이 이 일들을 하지 않으면, 하나님은 당신의 기도에 응답하지 않으실 것이다. 당신이 거룩하지 않다면, 하나님은 움직이지 않으실 것이다!" 그들은 사람들의 죄를 그들에게 돌리고 있는 것입니다. 그리고 사단은 바로 이 메시지를 이용해 사람들을 억누르고 낙심시키고 있습니다.

저는 최근 어떤 후원자로부터 감사의 메일을 받았습니다. 이 부부는 5년 동안 제 설교를 들어왔습니다. 그런데 얼마 전, 한밤중에 남편분이 혈전으로 사망하는 일이 있었습니다. 아내가 제게 이렇게 썼습니다. "그동안 목사님의 메시지를 들어왔기 때문에 저는 어떻게 해야 할지를 알고 있었어요." 그녀는 죽은 남편을 다시 살려냈습니다. 그러자 그는 일어나 화장실에 갔다가 다시 침대로 돌아갔습니다. 모든 것이 다 괜찮아졌습니다. 그녀는 말씀을 따라 자신이 무엇을 해야 할지를 알고 있었다는 사실에 하나님을 찬양했습니다.

## 믿음은 사랑으로 역사한다

당신이 제가 인도하는 집회에 참석했다고 가정해 봅시다. 그때 어떤 사람이 앞으로 나오더니 쓰러져 죽습니다. 그때 제가 이렇게 말합니다. "우리가 이 사람을 위해 기도합시다. 저는 하나님께서 그를 살려 주실 것이라고 믿습니다." 그러면, 당신은 "좋아요, 그렇게 하세요!"라고 말하고는 적극적으로 앞으로 나와서 어떤 일이 일어나는지 보려고 할 것입니다. 당신은 속으로 생각하겠지요. '엄청난 일이야! 사람들에게 다 이야기해야지.' 그런데 제가 이렇게 말합니다. "자, 이번에는 당신이 이 사람을 위해 기도해 보세요." 그러는 순간, 갑자기 기대와 믿음은 두려움으로 바뀝니다. 왜 그런지 아십니까? 하나님의 능력을 의심해서가 아니라, 하나님께서 기꺼이 당신을 통해 그 능력을 사용하실지, 그것을 의심하기 때문입니다. 우리는 우리가 자격 없다는 것을 잘 알고 있기 때문입니다.

우리 대부분은 자격이 있을 때만 하나님께서 우리 삶 가운데 역사하신다고 믿고 있습니다. 우리는 하나님의 능력이 우리의 선함에 좌우된다고 여깁니다. 그러나 그렇게 하는 순간, 사단은 우리를 무너뜨릴 것입니다. 우리의 마음이 우리를 책망하고 우리는 스스로 그것을 받을 자격이 없다고 여기게 됩니다. 그러나 그것은 예수님께서 우리에게 주신 메시지가 아닙니다. 그분은 사람들의 죄를 그들에게 돌리지 않으셨습니다. 예수님께서 우리에게 전하라고 명하신 말씀은 이것입니다. "전쟁은 끝났다. 하나님은 더 이상 진노하지 않으신다!"

이 말은 모든 것이 하나님께 달려 있다는 뜻은 아닙니다. 만일 그렇다면 우리는 누구나 응답을 받았을 것입니다. 왜냐하면 하나님은 언제나 선하신 분이시기 때문입니다. 하나님은 우리를 위해 좋은 것들만 예비해 놓으셨습니다. 그러나 받으려면 반드시 믿어야 합니다. 꼭 거룩해야 하거나 모든 일을 완벽히 해내야 하는 것은 아니지만, 믿음은 꼭 필요합니다. 자신이 너무 부족하다고 느끼거나 모든 것을 망쳐버려서 하나님도 이제는 나를 사랑하지 않으신다고 생각한다면, 그것은 불신입니다. 그것은 복음의 메시지가 아니며 바로 그런 생각이 믿음을 막아 역사하지 못하게 합니다.

다시 강조합니다. 믿음은 사랑으로 역사합니다(갈 5:6). 하나님은 당신의 사진을 지갑에 넣고 다니시고 당신에게 화를 내지도 실망하지도 않으시며 당신을 부끄러워하지 않고 오히려 자랑스러워하십니다. 하나님께서 당신을 이렇게 사랑하신다는 사실을 깨닫게 된다면 당신의 믿음은 지붕을 뚫고 치솟을 것입니다. 그때 당신은 이렇게 말하게 될 것입니다. "나 같은 사람을 사랑하시고 내가 저지른 온갖 어리석은 행동들을 눈감아 주실 수 있는 하나님이라면, 그분은 정말 멋진 하나님이시다. 그런 분이라면 못하실 일이 없다!"

## 죄는 사라지고 잊혀졌다

> 그러므로 우리가 그리스도를 대신하여 사신이 되어 하나님께서 우리를 통하여 너희를 권면하시는 것 같이 그리스도를 대신하여 간청하노니 너희는 하나님과 화목하라
>
> 고린도후서 5:20

이것이 제가 이 책을 쓰게 된 이유입니다. 저는 당신이 하나님과 화목하게 되도록 도와드리고 싶습니다. 하나님은 이미 당신과 화목하셨습니다. 그분은 당신의 모든 죄를 용서하시고 없애셨습니다. 하나님은 더 이상 당신에게 화를 내지 않으십니다. 하나님은 이제 당신과 우호적인 관계를 이루시고 조화로운 상태에 계십니다. 이제 당신도 하나님과 화목하시겠습니까? 그분이 하신 말씀을 받아들이시겠습니까? 이것이 우리가 전해야 할 메시지입니다.

> 그러므로 우리가 그리스도를 대신하여 사신이 되어 하나님께서 우리를 통하여 너희를 권면하시는 것 같이 그리스도를 대신하여 간청하노니 너희는 하나님과 화목하라 하나님께서 죄를 알지도 못하신 이를 우리를 대신하여 죄로 삼으신 것은 우리로 하여금 그 안에서 하나님의 의가 되게 하려 하심이라
>
> 고린도후서 5:20-21

주님은 우리 죄를 그냥 무시해 버리신 것이 아닙니다. 단지 "나는 그들의 죗값을 그들에게 묻지 않겠다."라고 아무 이유 없이 말씀하신 것도 아닙니다. 그분은 우리의 죗값을 직접 치르셨습니다. 우리의 죄는 예수 그리스도를 통해 이미 값이 지불되었습니다. 그분은 우리의 죄를 제거하셨을 뿐 아니라 우리를 하나님의 의로 만들어주셨습니다. 예수님께서 우리의 죄를 친히 짊어지시고 그 죄 때문에 나무에 달려 고통을 받으셨습니다. 주님은 우리의 죄에 대한 형벌을 자신이 감당하시고 우리에게 그분의 의를 주셨습니다.

당신은 단지 용서만 받은 존재가 아닙니다. 또한 은혜로 구원받았지만, 여전히 죄인으로 여겨지는 사람도 아닙니다. 우리는 분명히 죄인이었지만 은혜로 구원받았고, 이제는 그리스도 예수 안에서 하나님의 의가 되었습니다. 하나님은 우리를 의롭고 거룩하고 정결하게 보십니다. 하나님은 당신에게 화나지 않으셨습니다. 그것은 하나님께서 어떻게든 우리 죄를 못 본 척하시려고 고개를 돌리신 것이 아닙니다. 우리 죄에 대한 값은 이미 모두 지불되었습니다. 그것은 완전히 사라졌고 흔적조차 남아 있지 않습니다.

우리의 죄는 망각의 바다에 던져졌습니다. 하나님께서 그것들을 완전히 잊으셨기 때문입니다.

> 동이 서에서 먼 것 같이 우리의 죄과를 우리에게서 멀리 옮기셨으며
> 
> 시편 103:12

하나님은 우리의 죄를 들여다보시지 않으며 우리가 우리 자신을 대하듯 그렇게 우리를 대하지 않으십니다.

## 3장
# 예수님께서 모두 가져가셨다

> 너희의 하나님이 이르시되 너희는 위로하라 내 백성을 위로하라
> 　　　　　　　　　　　　　　　　　　　　　이사야 40:1

이 구절은 하나님께서 실제로 세례 요한에게 하신 말씀으로, 요한이 선포해야 했던 메시지였습니다(사 40:3, 요 1:23). 그가 전해야 했던 말씀은 다음과 같습니다.

> 예루살렘의 마음을 위로하며 말하라. 예루살렘의 복역 기간이 완전히 끝났고 형벌도 다 치렀으며 여호와의 손에서 그 죄 값을 두 배나 받았다고 선포하라.　이사야 40:2, 우리말성경

이스라엘 백성이 고통을 당하고 포로로 끌려갔지만, 나라를 잃고 포로가 되고 그밖에 그들이 겪은 모든 끔찍한 육신적 고통으로

도 그들의 죗값을 다 치를 수는 없었습니다. 이처럼 영적인 허물과 죄에 대한 대가는 자연적인 차원에서는 결코 치를 수 없습니다.

'사랑의 하나님께서 어떻게 사람을 지옥에 보내실 수 있나?' 라고 묻는 사람들은 죄가 무엇인지에 대한 계시가 없는 것입니다. 죄는 하나님에 대한 끔찍한 범죄입니다. 형벌의 장소에서 영원을 보낸다 해도 사람이 저지른 죄의 대가를 결코 온전히 치를 수 없습니다. 죄는 끔찍한 것입니다!

**화로다 나여!**

제가 거듭난 것은 여덟 살 때 일이지만 주님이 저에게 강력하게 나타나신 것은 열여덟 살 때였습니다. 그분을 진정으로 만난 것은 그때가 처음이었고, 그 즉시 주님의 거룩함에 대한 계시를 갖게 되었습니다. 저는 종교적, 도덕적인 기준에서는 괜찮은 사람이었지만 그것은 다 상대적이라는 것을 그 즉시 깨달았습니다. 저는 평생 욕을 한 번도 해 본 적이 없고 술도 마셔본 적이 없으며, 담배도 피워본 적이 없고 커피도 마셔본 적이 없습니다. 물론 제가 커피를 술처럼 여겼던 것은 어릴 때의 일이었고 지금은 커피와 술이 같지 않다는 것쯤은 잘 알고 있습니다. 그런데 커피를 마시는 것에 대해서도 참고할 만한 성경 구절이 있다는 것을 아십니까? (커피가 쓰다는 것에 대한 저자의 농, 역자 주)

> 무슨 독을 마실지라도 해를 받지 아니하며
>
> 마가복음 16:18

무슨 말이냐면, 인간의 기준으로 볼 때 저는 정말 거룩한 삶을 살아온 셈입니다. 세상 사람들은 아마 저를 대부분의 사람들보다 더 거룩하다고 여겼을 것입니다. 하지만 하나님의 영광을 보는 순간, 저는 저의 상대적인 자격 없음을 깨달았고 제 마음 깊은 곳에서 제가 멸망당해 마땅하다는 것을 즉시 알게 되었습니다.

이사야 역시 주님의 모든 영광 가운데 계신 모습을 보았을 때 얼굴을 땅에 대고 엎드려 부르짖었습니다.

> 화로다 나여 망하게 되었도다 나는 입술이 부정한 사람이요 나는 입술이 부정한 백성 중에 거주하면서 만군의 여호와이신 왕을 뵈었음이로다
>
> 이사야 6:5

성경에 나오는 인물들 중 하나님의 영광을 직접 본 사람들은 모두 자신이 죽으리라고 생각했습니다. 그것이 하나님의 공의이며 우리가 마땅히 받아야 할 바입니다. "사랑의 하나님께서 어떻게 사람을 지옥에 보내실 수 있나요?"라고 말하는 사람은, 하나님의 완전함 앞에서 인간의 불완전함을 본 적이 없는 사람입니다. 그들은 인간의 죄로 인해 세상이 얼마나 심각하게 망가졌는지를 제대로 직면해 본 적이 없습니다. 소위 '선한 사람'이라 불리는

이들조차도 주님을 거슬러 심각한 죄를 범했습니다. 이 물리적인 삶 안에서는 우리가 지은 죄에 대해 그 대가를 온전히 치를 방법이 전혀 없습니다.

**예루살렘의 징계가 끝났다**

이사야 40장 2절은 주 예수 그리스도에 관한 예언적인 말씀입니다. 이 구절은 예루살렘이 자연적인 차원에서 충분히 고난을 받았기 때문에 하나님께서 '전쟁은 끝났다' 라고 말씀하신 것이 아닙니다. 여기서 말하는 전쟁은 사람들의 죄로 인해 하나님께서 인류를 대항해 싸우셨던 전쟁입니다. 이 말씀은 이렇게 말하는 것입니다. "메시아가 오셔서 너희 죄를 담당하실 것이다. 죄의 대가가 치러질 것이므로 전쟁은 끝날 것이다. 아버지 하나님께서 인류 전체가 받아야 마땅한 진노보다 두 배나 되는 진노를 그분의 아들, 주 예수 그리스도께 쏟으실 것이다." 예수님께서 우리의 죄를 담당하셨기 때문에 이제 전쟁은 끝났습니다.

이사야 40장부터 이사야서 전체를 따라 이어지는 말씀들은 모두 주 예수님에 관한 예언적 말씀입니다. 그 안에는 세례 요한이 인용했던 구절들도 포함되어 있으며 이를 통해 그는 하나님께서 자기에게 주신 지시를 분명히 이해하고 있었음을 알 수 있습니다.

## 사람들보다 상하였으므로

> 보라 내 종이 형통하리니 받들어 높이 들려서 지극히 존귀하게 되리라 전에는 그의 모양이 타인보다 상하였고 그의 모습(얼굴)이 사람들보다 상하였으므로 많은 사람이 그에 대하여 놀랐거니와　　　　　　　　　　　　이사야 52:13-14

예수님의 얼굴은 이 땅에 살았던 그 누구보다도 더 심하게 상하셨습니다. 오래전, 얼굴 전체에 암세포가 번진 한 남자가 캔자스시티에서 열린 저의 집회에 왔었는데 그의 얼굴은 암으로 거의 뒤덮여 있었습니다. 또 다른 남자는 코가 완전히 사라진 채로 왔는데. 암세포가 코를 모두 잠식해 버린 것이었습니다. 그는 얼굴에 큰 수건을 덮고 기도를 받으러 나왔고 저는 상황을 모른 채 "무엇을 위해 기도해 드릴까요?"라고 물었습니다. 그러자 그는 수건을 내렸고 코가 사라진 자리 너머로 그의 머릿속이 들여다보였습니다. 그런데 생각해 보십시오. 이사야 말씀은 예수님의 얼굴이 그 누구보다도 더 심하게 상하셨다고 말하고 있습니다.

> 그의 모습(얼굴)이 사람들보다 상하였으므로 많은 사람이 그에 대하여 놀랐거니와　　　　　　　　　　　　이사야 52:14

이 구절을 히브리어 원문으로 살펴보면, 예수님의 모습이 사람처럼 보이지도 않았다는 뜻입니다. 어떻게 그런 일이 있을 수 있겠습니까?

유명 배우이자 감독인 멜 깁슨의 영화 '패션 오브 크라이스트'를 본 많은 사람은 예수님께서 당하신 매질과 십자가 고난을 지나치게 생생하게 묘사했다고 지적했습니다. 그러나 멜 깁슨 본인은 성경에 나오는 묘사에 비하면 오히려 그 장면들을 상당히 완화해서 표현할 수밖에 없었다고 말했습니다. 성경 그대로 담아내면 아무도 그 장면을 끝까지 볼 수 없었을 것 같았기 때문입니다.

이사야 말씀에 따르면 예수님의 얼굴은 이 땅에 존재했던 그 어떤 사람보다도 더 심하게 상하셨습니다. 그분의 몸은 사람처럼 보이지 않을 정도로 망가졌고 더 이상 인간의 모습으로 알아볼 수조차 없었습니다. 그러나 아무리 심한 매질을 당한다 해도, 끝에 금속 조각이나 뼛조각이 달린 채찍만으로는 그런 상태까지 만들 수는 없습니다.

## 죄가 되신 예수님

예수님은 십자가에서 우리의 죄를 자신의 몸에 짊어지셨습니다.

> 친히 나무에 달려 그 몸으로 우리 죄를 담당하셨으니
> 
> 베드로전서 2:24

그가 찔림은 우리의 허물 때문이요 그가 상함은 우리의 죄악
때문이라 그가 징계를 받으므로 우리는 평화를 누리고

이사야 53:5

인류의 모든 죄, 모든 질병과 고통, 모든 기형과 종양 그리고 모든 왜곡된 것들이 주 예수 그리스도의 육체 속으로 들어갔습니다. 바로 그 이유 때문에 주님의 얼굴은 이 땅에 살았던 그 누구보다도 심하게 상했고 그 모습은 너무나 일그러져 사람처럼 보이지도 않았던 것입니다. 하나님께서 그런 일을 자신의 아들에게 행하신 것입니다.

영화 '패션 오브 크라이스트'는 단지 예수님께서 당하신 육체적인 매질만을 보여줄 수 있었습니다. 우리 주님의 감정적이고 영적인 고통까지 온전히 묘사할 방법이 없었기 때문입니다. 주님은 죄를 미워하셨고 우리를 죄에서 자유케 하시려고 이 땅에 오셨는데, 이제 자신이 그 '죄'가 되어야 한다는 사실을 생각하셨을 때, 겟세마네 동산에서 예수님께 임한 고뇌를 누가 상상이나 할 수 있겠습니까(마 26:36-39, 42)? 그러나 예수님께서 이처럼 죄가 되셔야 했던 이유는, 우리로 하여금 하나님의 의가 되게 하시기 위함이었습니다.

오늘날 우리의 종교 제도는 어떤 의미에서 주 예수 그리스도의 속죄를 폄하해 버렸다고 할 수 있습니다. 그들은 이렇게 말합니다. "예수님을 주님으로 영접하고 거듭났다고 해도 당신이 죄를

지을 때마다 하나님은 여전히 진노하십니다. 또한 삶에 고백하지 않은 죄, 즉 용서받지 못한 죄가 있다면 하나님은 당신의 기도에 응답하지 않으실 것입니다." 결국 우리는 예수님을 완전한 해결책이 아닌, 그저 부분적인 해결책으로 전락시키고 만 것입니다. "물론 그리스도의 속죄는 받아야지요. 하지만 회개도 해야 하고, 자신의 죄에 대해 처절하게 슬퍼하며, 바짝 엎드려 사죄드리고, 이런저런 일들을 함께 해야 합니다."라고 말하는 사람들은 예수님께서 우리를 위해 치르신 대속의 값이 얼마나 완전한 것이었는지를 제대로 이해하지 못하는 것입니다.

### 아버지께 버림받으신 예수님

예수님은 십자가에 달리신 채 이렇게 말씀하셨습니다.

> 나의 하나님, 나의 하나님 어찌하여 나를 버리셨나이까
> 시편 22:1, 마가복음 15:34

아버지 하나님은 온 세상의 모든 죄와 질병, 고통을 자신의 아들에게 담당시키신 뒤, 그 아들에게서 얼굴을 돌리셨습니다. 하나님께서 자신의 독생자를 버리신 것은 바로 그것이 우리가 받아 마땅했던 대가였기 때문입니다.

저는 성령님의 도우심으로, 하나님께 버림받는다는 것이 어떤 것인지 극히 일부분이나마 경험한 적이 있습니다. 단언컨대 그것이 바로 지옥일 것입니다! 성경은 지옥에 실제적인 불의 고통이 있다는 것을 분명히 보여줍니다(눅 16:24). 또한 감정적인 고통도 있을 것입니다. 그러나 지옥에서 가장 끔찍한 것은 그곳엔 선한 것이 전혀 없다는 사실입니다. 하나님께 속한 모든 선한 것은 사라지고 오직 어둠과 증오, 갈등만이 남게 될 것입니다. 좋은 것은 하나도 남지 않을 것입니다.

어떤 사람들은 우리가 나쁜 세상에 살고 있다고 생각합니다. 물론 이 세상에는 부패와 타락이 많고 우리가 다 알지 못할 정도로 깊이 스며들어 있습니다. 하지만 이 땅에는 여전히 선한 것들이 존재합니다. 이 세상을 더 나은 곳으로 만들기 위해 애쓰는 사람들도 있습니다. 그렇기에 지금 이 세상이 아무리 악하더라도 지옥과 견줄 수는 없습니다. 육체적인 고통이 있든 없든 하나님과의 완전한 단절이 곧 지옥입니다. 거기에는 희망도 없고 아무것도 없습니다!

예수님께서 그것을 담당하셨습니다. 그분은 아버지 하나님으로부터 버림받으셨습니다. 우리가 버림받지 않도록 하나님 아버지께서 자신의 아들을 버리신 것입니다. 우리가 거절당하지 않도록 하나님께서 그 아들을 철저히 거절하신 것입니다. 그런데도 여전히 사람들은 예수님께서 어느 정도까지만 죗값을 치르셨다고 말합니다. "당신이 죄를 지으면, 하나님은 여전히 당신에게 진노하십니다. 당신의 삶에 있는 그 죄 때문에 하나님은 당신에게서 얼굴을 돌리시고 당신의 기도에도 응답하지 않으실 것입니다." 아닙니다! 그것은 분명히 틀린 말입니다!

어떤 사람들은 제가 죄를 가볍게 여긴다고 생각합니다. 그러나 사실은 그들이야말로 그리스도의 희생을 가볍게 여기고 있는 것입니다. 예수님께서 우리를 위해 치르신 크고 놀라운 대가는 하나님의 진노를 영원히 만족시켰습니다. 당신이 무엇을 했든지 간에 하나님은 당신에게 진노하지 않으십니다. 이것이 바로 복음입니다. 이것이 진정한 좋은 소식입니다.

**특별한 점이 없었던 예수님**

> 우리가 전한 것을 누가 믿었느냐 여호와의 팔이 누구에게 나타났느냐
> 이사야 53:1

다시 말해, 이것은 사실이라고 하기엔 너무나 좋은 소식입니다. 누가 이 사실을 믿을 수 있을까요? 하나님께서 더 이상 나에게 진노하지 않으시며 앞으로도 절대 노하시지 않을 것이라는 사실을 누가 믿을 수 있겠습니까? 우리의 모든 죄, 과거와 현재는 물론, 미래의 죄까지도 모두 그 대가가 이미 치러졌다는 것을 누가 믿을 수 있겠습니까? 안타깝게도, 이 소식을 모든 사람이 믿는 것은 아닙니다.

> 그는 주 앞에서 자라나기를 연한 순 같고 마른 땅에서 나온 뿌리 같아서 고운 모양도 없고 풍채도 없은즉 우리가 보기에 흠모할 만한 아름다운 것이 없도다  이사야 53:2

예수님의 모습이 세상에서 말하는 아름다운 사람들처럼 특별하지 않았다는 것을 알고 계셨습니까? 그렇다고 해서 흉한 외모였다는 뜻은 아니지만, 분명히 눈에 띄는 특별함은 없으셨습니다. 모두가 가까이하고 싶어 하거나 함께 다니고 싶어 하거나 관심을 쏟고 싶어 하는 그런 사람이 아니셨습니다. 예수님은 그저 평범하고 보통의 사람이셨습니다. 이 땅에 계실 때의 예수님을 실제로 본다면 감탄하거나 깊은 인상을 받을 사람은 많지 않았을 것입니다. 한마디로, 예수님께는 외적인 면에서 특별한 것이 없었습니다.

사람들은 가끔 이렇게 말합니다. "나도 열두 제자처럼 예수님과 함께 다닐 수 있었다면 얼마나 좋았을까!" 그러나 실제로는 그렇게 쉬운 일이 아니었을 것입니다. 오히려 그분이 하나님이시라는 사실을 믿기 어려웠을지도 모릅니다. 예수님은 유대의 뜨거운 날씨 속에서 하루에 40-50킬로미터를 걸으셨고, 설교 전에 호텔에 들러 샤워를 하신 것도 아니었습니다. 무슨 말이냐면, 예수님께도 때때로 냄새가 났다는 뜻입니다. 몸이 더러워질 때도 있었고 머리카락이 엉키기도 하셨습니다. 주님께서 여행 가방에 여벌 옷을 가득 챙겨 다니신 것도 아니었습니다. 당시 사람들처럼 예수님도 며칠, 어쩌면 몇 주 동안 같은 옷을 입고 다니셨을 것입니다. 예수님의 제자가 되어 그분을 따라다니려면 이런 모든 부분을 당연한 일로 받아들여야 했습니다. 예수님은 우리처럼 되셨기 때문입니다.

우리가 흔히 보는 예수님 그림에는 항상 머리 위에 후광이 그려져 있지만, 당시 사람들은 예수님의 머리 위에 후광 같은 것을 보지 못했습니다. 제가 장담합니다. 예수님은 우리처럼 평범하고 보통의 사람이셨습니다. 자신이 특별하다고 느끼지 못하는 우리 같은 사람들을 위해, 그분은 그렇게 오신 것입니다. 예수님은 우리가 느끼는 것을 느끼셨습니다. 그분은 무시당하시고 외면당하시고 당연하게 여김을 받으셨으며, 감사조차 받지 못하셨습니다. 당신이 지금까지 겪은 모든 고통을 예수님께서 당신을 위해 이미 다 겪으셨습니다.

**그가 채찍에 맞으심으로**

> 그는 멸시를 받아 사람들에게 버림 받았으며 간고를 많이 겪었으며 질고를 아는 자라 마치 사람들이 그에게서 얼굴을 가리는 것 같이 멸시를 당하였고 우리도 그를 귀히 여기지 아니하였도다 그는 실로 우리의 질고를 지고 우리의 슬픔을 당하였거늘                       이사야 53:3-4

예수님은 자신을 위해 짊어지셔야 할 어떤 슬픔도 없으셨습니다. 그분은 스스로에게 고통을 초래할 만한 일을 한 적이 한 번도 없으셨습니다. 주님은 우리의 모든 슬픔과 질고와 고통을 자신에게 담당시키셨습니다.

> 우리는 생각하기를 그는 징벌을 받아 하나님께 맞으며 고난을 당한다 하였노라 그가 찔림은 우리의 허물 때문이요 그가 상함은 우리의 죄악 때문이라 그가 징계를 받으므로 우리는 평화를 누리고 그가 채찍에 맞으므로 우리는 나음을 받았도다
> 이사야 53:4-5

사람들은 이 말씀을 단지 감정적인 것이나 영적인 것에만 국한해 적용하려고 합니다. 그러나 이 구절은 예수님께서 마태복음 8장에서 베드로의 장모와 많은 사람들을 치유하신 후 인용하신 말씀입니다(마 8:14-17). 이사야의 말씀이 바로 그때 언급됩니다.

> 이는 선지자 이사야를 통하여 하신 말씀에 우리의 연약한 것을 친히 담당하시고 병을 짊어지셨도다 함을 이루려 하심이더라
> 마태복음 8:17

신약에서 이사야 53장 5절을 인용한 말씀은 그 치유가 단지 영적인 것이나 감정적인 것에만 국한된 것이 아님을 보여줍니다.

예수님께서 고난을 당하신 것은 우리가 치유를 받도록 하시기 위함이었습니다. 그분은 우리의 영과 혼과 몸, 삶의 모든 영역에 치유를 주시기 위해 채찍에 맞으신 것입니다.

**우리 모두의 죄악**

> 우리는 다 양 같아서 그릇 행하여 각기 제 길로 갔거늘 여호와
> 께서는 우리 모두의 죄악을 그에게 담당시키셨도다
>
> 이사야 53:6

예수님께서 고통을 당하신 것은 단지 죄를 처리하기 위한 절차적인 이유 때문만이 아니었습니다. 하나님께서 예수님께 인류의 죄 일부만 겪게 하신 것도 아니었습니다. 예수님은 당신의 모든 죄악 그리고 온 세상의 모든 죄악을 친히 담당하셨습니다. 지금까지 이 땅에서 저질러진 모든 죄악, 살인, 성적 타락, 그 외 모든 불경건한 일들로 인한 타락이 실제로 그분의 육체 안으로 들어간 것입니다. 참으로 우리 모두의 죄악이 예수님께 얹어진 것입니다.

# 4장
# 그를 상하게 하는 것을 기뻐하사

그가 학대를 당하고 고난을 당하였어도 자기 입을 열지 아니하였으며 도살장으로 향하는 어린양같이, 끌려가 털 깎는 자 앞에서 잠잠한 양같이 자기 입을 열지 아니하는도다. 그는 감옥에도 가지 못하고 공정한 재판도 받지 못하였으니

이사야 53:7-8, 킹제임스 흠정역

예수님께서는 정당한 재판을 받을 기회조차 없었다는 뜻입니다. 어떤 절차도 허락되지 않았습니다.

누가 그의 세대를 선포하리요?

이사야 53:8, 한글킹제임스

예수님께서는 육신의 자녀가 없으셨습니다. 일부 사람들이 주장

하는 것과는 달리 예수님은 결혼하지 않으셨고 자녀도 없으셨습니다.

> 그는 산 자들의 땅에서 끊어졌으며 내 백성의 범죄로 인하여 매를 맞았도다. 그가 사악한 자들과 더불어 자기 무덤을 만들었으며 죽어서는 부자와 함께하였으니 이는 그가 폭력을 행사하지 아니하였고 그의 입에 속임수가 없었기 때문이라. 그러나 주께서 그를 상하게 하는 것을 기뻐하사
> 
> 이사야 53:8-10, 킹제임스 흠정역

하나님은 자신의 아들을 상하게 하고 고통을 겪게 하며, 버리시기를 기뻐하셨습니다. 그분은 아들의 얼굴이 인류 역사상 그 누구보다도 심하게 망가질 때까지 고통을 겪게 하셨습니다. 예수님은 너무나 큰 고난을 당하셔서 사람처럼 보이지 않을 정도였습니다. 하나님께서는 그렇게 하시기를 기뻐하셨습니다. 그것은 하나님께서 가학적이거나 잔인하신 분이기 때문이 아니었습니다. 하나님께서 자신의 아들에게 우리 모두의 죄를 지우심으로써 예수님께서 사단의 권세를 깨뜨리고 인류 전체를 해방시키실 것을 아셨기 때문입니다.

## 우리가 그분의 씨

하나님께서는 이 일이 문제를 완전히 해결할 것임을 아셨기 때문에 그렇게 하시기를 기뻐하셨습니다. 그분의 아들이 고난을 받으심으로 죄 문제가 영원히 해결되고, 전쟁은 끝나게 되었습니다. 하나님의 진노는 그분의 아들이 받으신 고난으로 완전히 충족되었습니다. 그런데도 당신은 삶 가운데 어떤 죄들 때문에 하나님께서 여전히 당신에게 화가 나 계시고 기도에 응답하지 않으시며 삶에 역사하지 않으신다고 생각하십니까? 그렇다면 하나님께서 그분의 아들에게 무엇을 하셨는지 전혀 이해하지 못하는 것입니다.

예를 들어 보겠습니다. 제가 당신에게 화를 내지 않기 위해, 당신의 죄를 저의 아들에게 전가하고 그를 징벌하는 방식으로 문제를 해결할 수 있다고 해 봅시다. 그런데 만약 그것으로는 충분하지 않다면, 저는 그 일을 하지 않을 것입니다. 문제를 해결할 수 없다면, 왜 제 아들을 고통받게 하겠습니까? 충분하지 않은데 왜 제 귀한 아들을 그렇게 하겠습니까? 그러나 대체로 교회는 이렇게 말합니다. "예수님께서 우리 죄를 위해 죽으신 것은 맞아요. 그러나 당신 삶에 고백하지 않은 죄가 남아 있다면 하나님은 당신의 기도에 응답하지 않으실 것입니다. 하나님은 더러운 그릇은 사용하지 않으십니다. 죄 가운데 사는 사람과는 교제하실 수 없습니다." 이것은 본질적으로 예수님의 희생을 깎아내리는 것입니다.

> 여호와께서 그에게 상함을 받게 하시기를 원하사 질고를
> 당하게 하셨은즉 그의 영혼을 속건제물로 드리기에 이르면
> 그가 씨를 보게 되며            이사야 53:10

'씨'란 유대인만을 뜻하는 것이 아닙니다. 주 예수 그리스도를 믿는 모든 사람을 가리키는 것입니다.

**하나님의 만족**

> 그가 씨를 보게 되며 그의 날은 길 것이요 또 그의 손으로
> 여호와께서 기뻐하시는 뜻을 성취하리로다   이사야 53:10

예수님께서 자신의 혼을 죄를 위한 제물로 드리신 이유는 자신이 자유케 하신 사람들을 보게 될 때 그것이 그분의 기쁨이 되기 때문입니다. 주님은 그리스도의 몸인 우리에게 유익을 주기 위해 이 모든 일을 행하신 것입니다.

> 그가 자기 혼이 해산의 고통을 치른 것을 보고 만족하게 여기
> 리라                  이사야 53:11, 킹제임스 흠정역

이 구절은 예수님께서 우리의 죗값을 치르기 위해 행하신 일이

아버지 하나님께 만족이 되었다고 말합니다. 하나님을 그 이상 만족시킬 수 있는 일은 없습니다. 당신이 회개하든, 땅에 엎드려 간청하든, 자신을 무가치하고 하나님께 멀어진 자로 여기든, 그 어떤 행동도 하나님 아버지께서 당신을 바라보시는 관점에 아무것도 더하지 못합니다. 하나님은 예수님을 통해 당신을 만족스럽게 여기셨습니다. 그것은 당신이 선해서가 아닙니다. 당신이 기여한 것은 오직 죄뿐이었습니다. 바로 그 죄 때문에 당신은 자격을 얻게 된 것입니다. 그리고 하나님께서 모든 값을 치르셨습니다. 이제 당신이 할 수 있는 일은, 이 사실을 믿고 받아들이는 것이든, 아니면 의심하고 그 혜택을 누리지 못하는 것이든, 둘 중 하나입니다. 당신이 예수님을 구원자로 영접했다면, 하나님은 예수님께서 당신을 위해 치르신 그 값에 충분히 만족하고 계십니다. 그 이유는 당신이 회개하거나 어떤 행동을 해서가 아니라, 예수님께서 당신의 모든 죄를 이미 담당하셨기 때문입니다. 이 얼마나 놀라운 일입니까!

**한 번도 죄를 짓지 않은 것처럼**

> 그가 자기 혼의 고통을 보고 만족하게 되리라. 나의 의로운 종이 자기의 지식으로 많은 사람을 의롭게 하리니
> 
> 이사야 53:11, 한글킹제임스

'의롭게 하다'라는 말은 '마치 한 번도 죄를 짓지 않은 것처럼' 이라는 뜻입니다. 하나님은 예수님께서 고난받으신 것을 보시고 마치 내가 내 죄로 인해 영원토록 고통을 받고 값을 치른 것처럼 여기시고 그 의로움을 나에게 전가하셨습니다. 하나님은 만족하셨습니다! 값은 완전히 치러졌습니다. 죄의 대가는 모두 지불되었고 이제 나는 마치 한 번도 죄를 짓지 않은 것처럼 의롭게 된 것입니다.

하나님은 우리를 죄인으로 보지 않으십니다. 우리는 더 이상 '은혜로 구원받은 죄인'이 아니라, 이제 하나님의 의가 되었습니다(고후 5:21).

> 나의 의로운 종이 … 많은 사람을 의롭게 하며 또 그들의 죄악을 친히 담당하리로다          이사야 53:11

나의 모든 죄가 예수님께 얹어졌고 그분의 모든 의가 나에게 주어졌습니다. 그분은 내가 마치 한 번도 죄를 짓지 않은 것처럼 만들어 주셨습니다!

## 풍성한 열매

그러므로 내가 그에게 존귀한 자와 함께 몫을 받게 하며 강한

자와 함께 탈취한 것을 나누게 하리니 이는 그가 자기 영혼을
버려 사망에 이르게 하며 범죄자 중 하나로 헤아림을 받았음
이니라 그러나 그가 많은 사람의 죄를 담당하며 범죄자를
위하여 기도하였느니라　　　　　　　　　이사야 53:12

이것의 결과는 다음과 같습니다.

> 잉태하지 못하며 출산하지 못한 너는 노래할지어다
> 　　　　　　　　　　　　　　　　　　　이사야 54:1

이 말씀은 단지 육체적으로 아이를 갖지 못하는 상황만을 말하는 것이 아닙니다. 이것은 마치 영적으로 잉태하지 못하는 것 같은 상태를 말합니다. 즉 하나님의 승리나 축복이 삶 가운데 실제로 이루어지지 않는 것처럼 느껴지는 상황입니다. 하나님께서 하시는 일들이 내 삶에 나타나지 않는 것처럼 보이는 때입니다. 그러나 이사야 52장과 53장에 기록된 것처럼, 예수님께서 하신 일 때문에 우리는 노래할 수 있습니다. 이제 더 이상 잉태하지 못하는 상태에 머물지 않게 되었기 때문입니다.

> 산고를 겪지 못한 너는 외쳐 노래할지어다 이는 홀로 된 여인
> 의 자식이 남편 있는 자의 자식보다 많음이라 여호와께서 말씀
> 하셨느니라　　　　　　　　　　　　　　이사야 54:1

주님으로 인해 우리는 더욱더 형통하게 될 것입니다. 우리는 자연적인 영역에서 얻을 수 있는 것보다 더 큰 기쁨, 더 큰 승리, 더 큰 능력, 더 큰 성공을 누릴 수 있습니다. 단지 자연적인 재능과 능력만으로 살아가는 사람은 결코 가까이 다가올 수조차 없는 그런 풍성함과 성공을 우리는 경험하게 될 것입니다. 우리는 주님을 신뢰하고 그분께서 우리를 위해 행하신 일을 믿음으로 말미암아 열매 맺고 승리하게 될 것이기 때문입니다.

**우리는 축복 받은 사람들**

> 네 장막터를 넓히며 네 처소의 휘장을 아끼지 말고 널리 펴되 너의 줄을 길게 하며 너의 말뚝을 견고히 할지어다 이는 네가 좌우로 퍼지며 네 자손은 열방을 얻으며 황폐한 성읍들을 사람 살 곳이 되게 할 것임이라　　　이사야 54:2-3

이 말씀은 단지 육신의 축복이나 물질적인 번영만을 말하는 것이 아니라, 정서적인 영역과 그 외의 모든 삶의 영역에서의 성장과 성공 그리고 형통을 말하고 있습니다. 우리는 예수님으로 인해 오직 축복만을 기대해야 합니다. "왜 내 삶은 되는 일이 하나도 없지?"라고 말할 것이 아니라, 오히려 정반대로 이렇게 말해야 합니다. "하나님께서 나를 사랑하시는데, 누가 감히 나를 대적하겠는가? 나는 정말 축복받은 사람이야. 승리할 수밖에 없어!"

하나님께서 우리를 얼마나 사랑하시는지 그리고 우리가 이미 용서받았다는 사실을 이해한다면 우울하거나 낙심하지 않을 것입니다. 의사에게서 곧 죽게 될 거라는 진단을 받았다 해도 상관없습니다. 하나님은 당신을 사랑하시며 설령 죽는다 해도 당신은 주님과 함께 영원히 살게 될 것입니다. 당신은 지옥을 벗어난 사람입니다. 물론 하나님께서 당신을 치유하셔서 계속 살게 하실 수도 있습니다. 그러나 최악의 경우 죽게 된다 해도, 당신은 곧바로 주님께로 가게 됩니다. 우리는 "우리 모두 천국에 입성하는 날, 그날은 얼마나 놀라운 날인가!"라고 노래하면서도, 막상 의사가 "당신은 곧 죽을 것입니다."라고 말하면 금세 무너지고 맙니다. 하지만 당신이 용서받았다는 사실 하나만 바로 이해해도, 모든 것이 달라질 것입니다.

우리는 승리합니다! 설령 진다 해도, 우리는 승리하는 것입니다. 우리는 결코 패할 수 없습니다. 우리는 축복받은 사람들입니다. 이런 것들을 생각한다면 두려워하거나 우울해지는 것은 불가능합니다.

## 하나님은 당신을 위하신다

그래서 바울에겐 두려움이 없었습니다. 그는 이 계시를 가지고 있었고 이 모든 것들을 알고 있었습니다. 사람들은 그에게 "복음 전하는 것을 그만두지 않으면 죽이겠다!"라고 말했습니다. 그러자 그가 이렇게 말했습니다. "그거 좋지요! 내게 사는 것이 그리스도니 죽는 것도 유익합니다!"(빌 1:21) 바울은 이것을 알았던 것입니다.

또 한 번은 사람들이 바울에게 이렇게 말했습니다. "그렇다면 너를 감옥에 가두겠다!" 그리고서 그를 감옥 안에서도 가장 깊고 어두운 방에 가두었지만, 바울은 그곳에서 하나님을 찬양하기 시작했습니다. 주님께서 그의 찬양을 들으시다가 발로 박자를 맞추셨는지, 그곳에서는 지진이 일어났고 갑자기 바울이 갇힌 방뿐 아니라 감옥의 모든 문이 열렸습니다. 그러나 바울은 도망치지 않았습니다(행 16:19-28). 그는 그 문제에서 벗어나려고 하나님을 찬양한 것이 아니었습니다. 그는 진심으로 주님을 경배하고 있었던 것입니다. 등에 채찍을 맞고 감옥에 갇힌 일은 바울에게 전혀 문제가 되지 않았습니다. 하나님께서 자신을 사랑하신다는 것과 자신이 용서받았다는 것을 알았기 때문에 그는 그런 상황도 전혀 신경 쓰지 않았습니다.

그 이전에 바울은 그리스도인들을 박해하고 죽이던 사람이었습니다. 그런데 예수님께서 그를 마치 한 번도 죄를 지은 적이 없는 사람처럼 만들어 주셨다는 사실에 너무나 감사한 나머지 계속해서 찬양했던 것입니다. '이제 다음에 무슨 설교할지 고민 안 해도 되겠구나. 밤새도록 하나님을 찬양하리라!' 그곳에 하나님의 임재가 너무나 강력해서 다른 죄수들조차도 아무도 도망치려 하지 않았고 바울은 간수에게도 복음을 전했으며 그는 그 자리에서 구원을 받았습니다(행 16:27-34).

바울에게 "너를 죽이겠다."라고 위협하면 그는 오히려 기뻐했습니다. 박해하고 감옥에 가두어도 그는 오히려 더욱 활활 타올랐습니다. 오늘날 우리가 가진 기독교 신앙은 그에 비하면 너무나도 영향력이 없습니다. 새 차가 없다고 불평은 하면서, 자신이 원래 어떤 형벌을 받았어야 마땅한지를 아는 이들은 거의 없습니다. 더 나아가, 예수님께서 우리를 위해 치르신 그 엄청난 값을 제대로 이해하는 이들은 더욱 드뭅니다.

이 사실을 안다면, 그 어떤 일에도 불평하거나 원망할 이유가 전혀 없습니다. 배우자가 떠났다 한들, 그것이 뭐 그리 큰일입니까? 물론 그런 상황을 제가 가볍게 여기는 것은 아니지만, 하나님께서 우리를 결코 떠나지도 버리지도 않겠다고 말씀하신 것이 훨씬 더 중요합니다(히 13:5). 우리는 이 사실을 기뻐해야 합니다. 배우자 문제로 괴롭다면 이렇게 말할 수도 있습니다. "아버지, 천국에서는 장가도 가지 않고 시집도 가지 않는다니 참 감사합니다. 예수님, 감사합니다!"(마 22:30) 하늘의 시각으로 보면, 배우자 문제도 그저 일시적인 것입니다.

우리에게는 그 어떤 것에도 불평하거나 불만을 가질 권리가 없습니다. 전능하신 하나님께서 우리를 사랑하시고 우리의 죄를 가져가셨습니다. 전쟁은 끝났습니다. 그러므로 우리도 이렇게 찬양해야 합니다. "가장 높은 곳에서는 하나님께 영광이요, 땅에서는 평화와 사람들을 향한 선하신 뜻이로다." 우리는 한편으로는 앞으로 나아갈 계획을 세우고, 다른 한편으로는 찬양과 감사를 준비해야 합니다. 우리는 형통하게 되고, 더 형통하게 되며, 마침내 크게 형통하게 될 것이기 때문입니다. 장막을 넓히십시오! 하나님께서 우리 편에 계십니다!

5장

# 의로 굳게 설 것이라

오 너 고통받고 광풍에 까불리고 위로받지 못한 자여, 보라, 내가 아름다운 색상으로 네 돌들을 놓으며 사파이어로 네 기초들을 놓으리라. 내가 마노들로 네 창문들을, 홍옥들로 네 대문들을, 기쁨의 돌들로 네 모든 접경을 만들 것이니라. 네 모든 자식들은 주를 배울 것이며 네 자식들의 화평이 크리라. 너는 의로 굳게 설 것이라            이사야 54:11-14, 한글킹제임스

그런데 대부분의 그리스도인들이 굳게 서지 못하는 이유는 무엇일까요? 그것은 우리가 의롭다는 사실을 제대로 알지 못하기 때문입니다. 우리는 여전히 자신을 의롭지 못하다고 생각합니다. 참된 복음을 듣지 못했기 때문에 하나님께서 아직도 우리에게 죄를 돌리신다고 여깁니다. 바로 그것이 우리가 강하고, 견고하고, 흔들림 없이 서지 못하는 이유입니다.

> 네가 공의의 터 위에 굳게 설 것이며, 억압이 너에게서 멀어
> 질 것이니                        이사야 54:14, 새번역

억눌리는 느낌을 받는다면 그 이유는 자신이 의롭다는 사실을 알지 못하기 때문입니다. 자신의 죄가 용서받았다는 것을 모르기 때문입니다. 물론 '나는 의롭다', '나는 용서받았다'라고 말할 수는 있겠지만, 정작 평소에는 이렇게 말하곤 합니다. "하나님께서 내 기도에 응답하지 않으신 건, 내가 아직 극복하지 못한 죄가 있기 때문이야." 그러나 의로움을 제대로 이해하게 된다면, 억눌림에서 벗어나게 될 것입니다.

> 네가 두려워하지 아니할 것이며
>                                이사야 54:14

의로움을 깨달으면 두려움에서도 벗어나게 될 것입니다. 하나님께서 나를 위하시는데 내가 누구를 무서워하고 무엇을 두려워하겠습니까?

> 공포도 네게 가까이하지 못할 것이라
>                                이사야 54:14

**조건이 없는 언약**

이사야 54장 9절로 돌아가 봅시다.

> 이는 내게 노아의 홍수와 같도다 내가 다시는 노아의 홍수로 땅 위에 범람하지 못하게 하리라 맹세한 것 같이 내가 네게 노하지 아니하며 너를 책망하지 아니하기로 맹세하였노니
> 이사야 54:9

하나님께서 노아와 맺었던 언약에는 아무런 조건이 없었습니다.

> 내가 너희와 언약을 세우리니 다시는 모든 생물을 홍수로 멸하지 아니할 것이라 땅을 멸할 홍수가 다시 있지 아니하리라
> 창세기 9:11

하나님께서는 "너희가 이렇게 한다면 내가 이렇게 할 것이다."라는 조건을 붙이지 않으셨습니다. "그들이 다시는 나를 노하게 하지 않고, 홍수 이전의 죄악으로 돌아가지 않는다면 다시는 물로 세상을 멸하지 않겠다."라는 식의 단서도 없었습니다. 하나님께서 맺으신 언약은 그런 것이 아니었습니다. 노아와 맺으신 언약은 아무런 조건도, 단서도 없는 무조건적인 언약이었습니다. 세상이

어떤 짓을 하든, 하나님께서는 다시는 홍수로 이 땅을 멸하지 않겠다고 약속하셨습니다.

### 문제는 우리의 양심

이사야 54장에서 하나님은 예수님께서 효력을 시작하신 이 새 언약이 바로 노아와 맺으신 언약과 같다고 말씀하십니다. 어떤 조건도 없고, 요구되는 자격도 없는 언약입니다. 하나님께서 다시는 이 땅을 홍수로 멸하지 않겠다고 맹세하신 것처럼 "내가 다시는 네게 노하지 아니하며 너를 책망하지 아니하기로 맹세하였다."(사 54:9)라고 말씀하셨습니다.

이 언약 안에 들어온 사람에게 하나님은 결코, 절대로 노하지 않으십니다. 하나님은 지금껏 단 한 번도 당신을 꾸짖으신 적이 없습니다. 물론 우리가 잘못을 저지를 때 주님은 그것을 우리에게 보여주십니다. 그러나 그것은 그 죄에 대한 값이 아직 치러지지 않았기 때문이 아닙니다. 주님은 이미 우리의 죗값을 모두 치르셨습니다. 다만 우리가 죄에 굴복하면, 그것이 사단이 우리 삶에 들어오는 문을 여는 일이 된다는 것을 하나님은 아십니다. 그렇게 되면 원수가 들어와 당신의 것을 빼앗고, 남김없이 망가뜨릴 것입니다! 그럴 때 주님은 사랑으로 그렇게 하지 말라고 말씀하실 것입니다. 그것은 우리에게 죄를 돌리시거나 축복을 거두시려는 것이 아니라, 사단이 우리 삶에 들어오는 문이 열리는 것을 주님께서 원하지 않으시기 때문입니다.

하나님은 우리가 어떤 일을 저지르고 있는지를 드러내시며 "그만!"이라고 말씀하실 수 있습니다. 그러나 그로 인해 우리가 죄책감이나 정죄감 혹은 자격이 없다는 생각에 사로잡히게 된다면, 그것은 하나님에게서 온 것이 아닙니다. 하나님께서 나에게 화가 나셨고 나를 버리셨으며 더 이상 나를 쓰시지 않으신다고 느끼게 하는 것은 종교가 주는 생각입니다. 종교는 우리 자신의 양심을 이용해 우리를 정죄합니다. 그러나 하나님은 결코 정죄감을 주시는 분이 아니십니다.

### 평화의 언약

> 그러므로 이제 그리스도 예수 안에 있는 자들에게는 결코 정죄함이 없나니, 그들은 육신을 따라 행하지 아니하고 성령을 따라 행하느니라.     로마서 8:1, 한글킹제임스

하나님은 당신에게 화나지 않으셨습니다. 그분은 조건 없는 언약에 맹세하셨습니다. 당신이 무슨 일을 하든, 하나님은 당신에게 화내지 않으십니다. 또한 그분은 결코 당신을 꾸짖지 않으실 것입니다. 그런데 우리가 그렇게 오해하게 되는 이유는, 사람

들의 간증 때문입니다. "제가 잘못한 일이 있어서 하나님께서 저를 괴롭게 하셨어요." 그렇지 않습니다. 성령님께서 그들의 잘못을 지적하셨을 수는 있지만, 그들을 정죄하고 비참하게 만든 것은 그들의 양심입니다. "제가 하나님께 죄를 지어서 그분이 저를 떠나셨어요."라고 말한 적이 있습니까? 하나님과의 친밀한 교제를 끊어지게 만든 것은, 바로 당신을 정죄하는 당신 자신의 양심입니다.

다윗의 기도를 따라 했던 때를 생각해 보세요.

> 하나님이여 내 속에 정한 마음을 창조하시고 내 안에 정직한 영을 새롭게 하소서 나를 주 앞에서 쫓아내지 마시며 주의 성령을 내게서 거두지 마소서　　　　시편 51:10-11

지금 그렇게 기도하는 것은 잘못된 일입니다. 다윗은 구약의 성도였기 때문에 그렇게 기도할 수 있었지만, 우리는 신약의 성도입니다. 우리가 거듭나는 순간, 하나님께서는 우리 안에 정결한 영을 창조하셨고(엡 4:24), 결코 우리를 떠나지도 버리지도 않겠다고 약속하셨습니다(마 28:20, 히 13:5). 그렇기 때문에 하나님께서 당신에게 화가 나 계시고 당신을 떠나신 것처럼 느껴진다면, 그것은 당신의 생각이 잘못된 것입니다.

비록 산들이 옮겨지고 언덕이 흔들린다 하여도, 나의 은총이 너에게서 떠나지 않으며, 평화의 언약을 파기하지 않겠다.

이사야 54:10, 새번역

## 평화의 복음

이사야 54장 10절의 말씀은 누가복음 2장 14절 "가장 높은 곳에서는 하나님께 영광이요, 땅에서는 평화와 사람들을 향한 선하신 뜻이로다"라는 말씀을 다시 떠올리게 합니다. 하나님은 이제 인류와 화평을 이루셨습니다. 전쟁은 끝났습니다. 그분은 언약을 맺으셨고 조약에 서명하셨습니다. 그리고 다시는 우리에게 진노하시거나 우리를 꾸짖지 않으시겠다고 하셨습니다.

이제 여러분은 굳게 서서 … 발에는 평화의 복음을 전할 신을
신으십시오.   에베소서 6:14-15, 쉬운성경

15절에서는 분명히 '평화의 복음'이라고 말씀하고 있는데, 사람들은 이렇게 설교하곤 합니다. "하나님은 당신에게 진노하셨고 화가 나 계십니다. 회개하지 않으면 하나님은 당신을 축복하지 않으실 것이며 당신을 위해 아무 일도 하지 않으실 것입니다." 그러나 이것은 평화의 복음이 아닙니다. 사람들이 복음에 반응하지 않는 이유는, 그들이 진짜 복음을 들어본 적이 없기 때문입니다.

예수님께서 선포하셨던 그 복음과 같은 메시지를 들은 적이 없는 것입니다.

예수님도 그리스도로서 앞서 언급한 이사야서의 말씀들을 읽고 알고 계셨습니다. 그래서 사람들의 죄를 그들에게 돌리지 않으셨습니다. 예수님은 자신이 온 세상의 모든 죄를 지고 그 값을 치르게 될 하나님의 어린 양이심을 알고 계셨습니다(요 1:29). 그렇기 때문에 죄인들에게 자비를 베푸실 수 있었던 것입니다.

## 종교로 인해 눈이 멀다

우리는 종교적인 사고방식에 사로잡혀, 예수님께서 믿는 자들의 죄뿐만 아니라 온 세상의 모든 죄에 대해서도 값을 치르셨다는 진리를 보지 못하고 있습니다.

> 그는 우리 죄를 위한 화목제물이니 우리만 위할 뿐 아니요 온 세상의 죄를 위하심이라　　　　　　요한일서 2:2

모든 사람들의 죄에 대한 값은 이미 치러졌습니다. 이제 죄는 더 이상 쟁점이 아닙니다. 사람들은 자기 죄 때문에 지옥에 가는 것이 아니라, 그 죄에 대한 값이 이미 지불되었다는 사실을 받아들이지 않기 때문에 지옥에 가는 것입니다. 그들은 주 예수 그리스도를 마음에 영접하지 않았고 주님을 알지 못하며 예수님을 자신의 구주이자 주님으로 받아들이지 않은 것입니다.

### 인간의 노력으로는 결코 충분하지 않다

 아직도 죗값을 치르기 위해 자신을 괴롭히며 고행하고 있습니까? 저는 실제로 손과 무릎, 팔꿈치에 기괴하고 험한 상처가 가득한 한 남자를 만난 적이 있습니다. 그는 유리 조각 위를 약 5km나 기어가며 고행했다고 했습니다. 또 어떤 남자는 자신의 죄를 속죄하는 데 도움이 될 것이라 생각해 사순절 기간 동안 실제로 십자가에 매달리기도 했다고 합니다. 이런 행위들은 하나님께 대한 모독입니다. "예수님께서 값을 다 치르지 않으셨기 때문에 내가 뭔가를 더 해야 합니다."라고 말하는 것이나 마찬가지입니다.
 예수님께서 십자가에 달리신 것은, 우리가 더 이상 십자가에 달릴 필요가 없도록 하기 위함입니다. 물론 실제로 직접 십자가에 달리려 하는 사람은 거의 없겠지만, 여전히 많은 사람들이 하나님과 분리된 듯한 느낌을 가지고 살아갑니다. 그래서 하나님께서 자신을 받아 주시도록 무언가를 해야만 할 것 같아, 괴로움 속에 한 주를 보내곤 합니다. 이것은 앞서 언급한 사람들과 똑같은 사고방식입니다. 다만 '고행'의 기준과 형태만 다를 뿐입니다.

교회에 출석하고, 헌금을 더 많이 내고, 좀 더 선하게 살려고 노력하면서 하나님을 '달래고 있다'고 생각하십니까? 어쩌면 그것이 당신 자신의 양심을 달래는 데 도움이 되었을지 모르지만, 진정으로 예수님을 신뢰해 본 적이 있으십니까? 그분을 마음에 영접하셨습니까, 아니면 여전히 어떻게든 하나님과 거래하려 하고 계십니까? 그리스도께서 치르신 대속을 믿고 있습니까, 아니면 자신의 선행이 구원에 이르기에 충분하기만을 바라고 있습니까? 정직하게 자신을 돌아보십시오. 영원이란 시간은 말 그대로 영원하기 때문입니다.

인간의 노력으로는 결코 충분하지 않습니다! 예수님께서 이루신 일을 대신해 우리가 할 수 있는 일은 아무것도 없습니다. 예수님께 아무것도 더하지 않아야 온전합니다. 그러나 예수님께 무언가를 더하면, 특히 우리의 노력을 더할 경우, 그것은 결국 아무것도 아닌 것이 됩니다. 우리는 주님을 전적으로 신뢰하거나 자신을 전적으로 신뢰해야 합니다. 이 둘을 함께 의지할 수는 없습니다. 예수님께서 하신 일로 인해 우리가 구원을 받았습니다. 그분을 구원자로 받아들이든지, 아니면 자기 공로로 구원을 얻어야 하는데, 그것은 불가능한 일입니다.

## 6장
# 모든 심판

하나님은 더 이상 화나 계시지 않습니다! 죄는 이미 속죄되었고, 하나님은 사람들의 죄를 그들에게 돌리지 않으십니다. 구주, 곧 그리스도께서 태어나셨을 때(눅 2:11), 수많은 천사들이 하나님을 찬양하며 이렇게 노래했습니다. "지극히 높은 곳에서는 하나님께 영광이요, 땅에서는 평화요, 사람들을 향한 하나님의 기쁘신 뜻이로다"(눅 2:14, 킹제임스 흠정역)

이 평화는 사람들 사이의 평화를 의미하는 것이 아닙니다. 하나님으로부터 시작되어 사람들을 향하는 평화입니다. 많은 사람들이 구약과 신약의 차이를 제대로 이해하지 못하고 있습니다. 옛 언약 아래에서는 사람들을 향한 하나님의 진노와 징벌이 매우 혹독했습니다. 하지만 새 언약 아래에서 하나님은 더 이상 그렇게 일하시지 않습니다. 그럼에도 불구하고 많은 사람들이 이 진리를 깨닫지 못한 채, 두 언약을 구분하지 못하고 섞어버립니다. 하나님께서 지금도 예전과 같은 방식으로 인류를 다루고 계신다고 여기는 것입니다. 그러나 그것은 사실이 아닙니다.

이 진리를 이해하지 못하면, 하나님과의 관계에 부정적인 영향을 미치게 됩니다. 하나님께서 오늘날에도 사람들을 병으로 치시고 우리가 죄를 지을 때마다 임재를 거두시며 사람들을 죽이기 위해 죽음의 천사를 보내신다고 여긴다면 그런 하나님께 누가 사랑으로 가까이 나아갈 수 있겠습니까? 우리는 이제 더 나은 약속 위에 세워진 더 나은 언약을 받았다는 사실을 알아야 합니다(히 8:6). 새 언약 아래에서 하나님과 인간의 관계는 완전히 달라졌습니다.

전쟁은 끝났습니다! 하나님께서는 우리가 받아야 할 징벌을 그의 아들에게 지우셨습니다(사 53:4-6). 그리스도께서 고통을 받으심으로 우리의 죗값을 완전히 치르셨습니다. 아버지 하나님은 예수님의 혼이 겪으신 고통을 보시고 만족하셨습니다(사 53:11, 킹제임스 흠정역). 그러므로 이제 당신은 하나님과 단절되는 고통을 겪을 필요가 없습니다. 하나님께서는 당신에게 절대 진노하지 않으시고, 다시는 꾸짖지 않겠다고 약속하셨습니다(사 54:9). 이것은 놀라운 진리입니다!

이것은 오늘날 전형적인 교회들에서 전하는 것과는 파격적으로 다른 메시지입니다. 이로 인해 많은 사람들이 하나님께서 자신을 얼마나 사랑하시는지를 알지 못한 채 살아갑니다. 그 결과, 믿음이 방해를 받고 있으며 하나님께 받는 일에도 어려움을 겪고 있습니다(갈 5:6).

## 영에서 거듭난 영으로

대부분의 그리스도인들은 하나님의 능력을 의심하지는 않습니다. 그들이 의심하는 것은 그 능력을 하나님께서 정말 기꺼이 자신을 위해 사용하실 것인가 하는 점입니다. 왜 그럴까요? 자신이 그럴 자격이 없다고 느끼기 때문입니다. 사실, 우리의 행위만 놓고 보면 자격이 없는 것이 맞습니다. 그러나 하나님은 우리의 행위만 보시지는 않습니다. 우리의 죄에 대한 징벌은 십자가에서 예수님께로 옮겨졌습니다. 하나님은 우리의 죄를 가져가셨을 뿐 아니라 우리에게 그리스도의 의를 주셨습니다. 우리의 거듭난 영 안에서 우리는 주 예수님만큼이나 의롭고, 거룩하고, 정결합니다.

> 하나님을 따라 의와 진리의 거룩함으로 지으심을 받은 새 사람(거듭난 영)을 입으라      에베소서 4:24

하나님은 영이십니다.

> 하나님은 영이시니 예배하는 자가 영과 진리로 예배할지니라
> 요한복음 4:24

말씀드리고자 하는 요점은 이것입니다. 하나님께서 우리를

보실 때, 그분의 영으로 우리의 영을 보신다는 것입니다. 하나님은 우리가 우리 자신을 보는 방식으로 우리를 보지 않으십니다.

> 내가 보는 것은 사람과 같지 아니하니 사람은 외모를 보거니와 나 여호와는 중심을 보느니라      사무엘상 16:7

하나님은 우리의 행동이나 죄, 실패를 보고 계시지 않습니다. 우리가 우리 자신에게 화가 나 있을지라도, 하나님은 우리에게 화가 나 있지 않으십니다. 또한 우리가 우리 자신에게 실망했더라도, 하나님은 우리에게 실망하지 않으셨습니다. 하나님은 우리의 영을 보고 계시며 그 영 안에서 우리는 새로운 피조물입니다 (고후 5:17). 하나님은 우리를 사랑하고 계십니다. 그분은 우리의 삶 가운데 역사하기를 원하시며 이를 위해서는 우리의 협조가 필요합니다.

그것을 얻기 위해 거룩하게 살아야 하는 것은 아니지만, 반드시 하나님을 믿어야 합니다. 그런데 대부분의 사람들은 하나님께서 정말로 자신의 삶 가운데 역사하시리라는 것을 신뢰하지 못합니다. 왜냐하면 자신에게 그런 자격이 없다는 사실을 알고 있기 때문입니다. 아마도 죄의식을 강조하는 사역의 영향을 받아 왔기 때문일 것입니다. "당신의 삶에 죄가 있으면 하나님은 기도에 응답하지 않으실 것입니다. 그러니 먼저 해야 할 일들이 있습니다." 라고 말하는 메시지 말입니다.

전쟁은 끝났습니다. 하나님은 더 이상 우리의 죄를 우리에게 돌리지 않으십니다. 하나님은 당신에게 화나 있지 않으십니다. 하나님은 당신을 사랑하십니다. 이 놀라운 소식을 받아들이기만 한다면, 당신의 믿음은 지붕을 뚫고 치솟을 것입니다. 당신은 하나님께서 은혜로 주시는 것들을 삶에서 경험하기 시작할 것이며 그분의 초자연적인 능력이 당신의 삶 가운데 훨씬 더 크게 역사할 것입니다.

**그냥 천둥소리였나?**

예수님께서 우리를 위해 자신의 생명을 내어주시기 위해 예루살렘으로 향하셨을 때, 그곳에서 이렇게 기도하셨습니다.

> 아버지여, 아버지의 이름을 영광스럽게 하옵소서 하시니 이에 하늘에서 소리가 나서 이르되 내가 이미 영광스럽게 하였고 또다시 영광스럽게 하리라 하시니 곁에 서서 들은 무리는 천둥이 울었다고도 하며 또 어떤 이들은 천사가 그에게 말하였다고도 하니     요한복음 12:28-29

그 자리에 있었던 사람들은 하나님께서 하늘로부터 "내가 이미 영광스럽게 하였고, 또다시 영광스럽게 하리라."라고 말씀하시는 음성을 실제로 들었습니다. 그러나 그들 중 일부는 하나님께서 정말로 말씀하셨다는 사실을 믿을 수 없었습니다. 오늘날도 마찬가지입니다. 사람들은 이렇게 기도합니다. "주님, 제게 말씀해 주세요. 무슨 증거라도 보여 주세요!" 그러나 마음이 굳은 사람은, 비록 하늘에서 하나님의 음성을 직접 들었더라도, 2,000년 전 그 사람들이 그랬던 것처럼 그 일을 자기 식대로 해석할 것입니다. "그냥 천둥소리였을 뿐이야." 2,000년 전의 사람들도 오늘날의 사람들과 다르지 않았습니다. 우리는 하나님의 음성을 마음으로 들을 수 있는 상태에 이르러야 합니다.

하나님께서는 하늘에서 울려 퍼지는 큰 음성으로 자주 말씀하시지 않습니다. 설령 그렇게 하신다 해도, 마음이 삐뚤어져 있다면 그것을 잘못 해석하고, 하나님의 음성이라고 믿지 않을 것입니다. 당시에도 하늘에서 들려온 하나님의 음성이 분명했지만, 사람들은 믿지 않았습니다. "그냥 천둥소리였어!"라고 말했습니다.

> 예수께서 대답하여 이르시되 이 소리가 난 것은 나를 위한 것이 아니요 너희를 위한 것이니라     요한복음 12:30

다시 말해, 예수님은 하나님께서 그렇게 말씀하시는 것을 들을 필요가 없으셨습니다. 주님은 이미 아버지와의 교제 가운데 그분의 음성을 듣고 계셨기 때문입니다. 그 음성은 믿지 않는 사람들을 위한 것이었지만, 그들 대부분은 그것조차 받아들이지 못했습니다.

## 그들의 방법으로 다가가라

> 이제 이 세상에 대한 심판이 이르렀으니 이 세상의 임금이 쫓겨나리라 내가 땅에서 들리면 모든 사람을 내게로 이끌겠노라 하시니　　　　　　　　　요한복음 12:31-32

이 말씀은 종종 이렇게 해석됩니다. "우리가 예수님을 잘 예배하고 제대로 전하면, 하나님께서 사람들을 이끄셔서 모두 몰려올 것이다. 그러면 곧바로 부흥이 일어나고 대형교회가 될 것이다." 그러나 이 말씀은 그런 의미가 아닙니다.

저는 여러 지역을 다니며 다양한 교회들을 접해 보았습니다. 비판하려는 의도는 없지만, 제가 방문했던 교회들 중 일부 대형교회들은 오히려 가장 심각한 문제를 가지고 있었습니다. 그들은 '구도자 친화적seeker-friendly'이라는 이름 아래 타협하고 있었습니다. 설교는 20분 남짓으로 줄어들었고, 조명은 화려했지만 말씀이 매우 빈약했습니다. 말씀 선포보다는 흥미 위주로 세워진 교회들이 오늘날 실제로 성장하고 있는 교회들입니다. 그들은 기독교 신앙을 지나치게 간소화하여, 사람이 일주일에 한 시간만

교회에 참석해도 마치 성경이 요구하는 공동체의 삶을 충분히 이행한 것처럼 느끼게 합니다. 사람들의 양심만 잠시 달래줄 뿐, 헌신도 없고 그들에게 요구되는 바도 없습니다.

한 번은 성도 수가 1만 명이 넘는 교회를 방문했었는데, 그 교회의 담임 목사님께 이렇게 말한 적이 있습니다. "이 교회를 저에게 맡기신다면, 한 달 안에 성도 수를 천 명으로 줄일 수 있습니다. 두 달을 주시면 500명까지 줄일 수 있고요. 여기 성도들 중 상당수는 성령세례조차 받지 않은 상태입니다." 예수님을 높이며 최고의 메시지를 전하는 교회에 사람들이 가장 많이 몰린다는 말은 사실이 아닙니다. 제가 몸소 경험하고 관찰한 바로는 그렇습니다. 올바른 메시지를 전하기만 하면 하나님께서 모든 사람들을 그곳으로 이끄실 것이라는 주장도, 제가 보기에는 사실과 다릅니다.

제가 라디오 방송으로 사역을 시작하게 된 이유가 바로 그것 때문이었습니다. 텍사스주 차일드리스Childress로 가서 몇 차례 집회를 열었는데, 그때만 해도 저는 하나님의 말씀만 전하면 하나님께서 모든 사람들을 저에게 이끌어 오시리라고 생각했습니다. 집회는 여섯 명으로 시작했지만, 사흘 또는 나흘쯤 지나자 참석자가 대략 스무 명 정도로 늘었습니다. 그 집회가 끝난 뒤, 저는 다른 지역에서 집회를 열기로 예정되어 있었습니다. 그런데 떠나기 전날 밤, 하나님께서 저를 깨우시고 제 마음 가운데 이렇게 말씀하셨습니다. "앤드류, 너는 지금 네가 옳은 일을 하고 있고 나를 신뢰하고 있으니, 내가 사람들에게 말씀해서 그들을 너의 집회로 이끌어 줄 거라고 생각하고 있구나. 그런데 만약 그들이 '앤드류 워맥의 집회에 가라'는 나의 음성을 들을 만큼 영적인 사람들이라면, 애초에 네가 그들에게 사역할 필요도 없단다. 그들은 성령의 음성에 귀 기울이지 않고 있어. 그들은 육신적이기 때문에 너는 그들의 방식대로 그들의 길에 다가가야 한단다."
저는 그날 아침 일찍 일어나 이 말씀을 두고 기도했고, 바로 다음 날 라디오 방송을 시작했습니다.

주님은 제가 사람들의 방식으로, 그들의 삶 속에 직접 다가가야 한다고 말씀하셨습니다. 그래서 그 이후로 저는 줄곧 라디오와 TV를 통해 하나님의 말씀을 전해 왔습니다. 또 저희 집회를 알리는 초청 엽서를 보내기도 했습니다. 대부분의 사람들은 성령님의 인도에 민감하게 반응하여 이런 집회들을 스스로 알아보고 찾아올 만큼 영적으로 깨어 있지 않습니다. 그렇기에 우리가 그들의 삶의 자리로, 보다 현실적인 방식으로 다가가 줄 필요가 있는 것입니다.

박해받는 나라에 있는 믿는 사람들에 관한 이야기를 들은 적이 있습니다. 그들은 단지 기도할 뿐인데, 하나님께서 집회가 열릴 시간과 장소를 알려 주신다고 합니다. 모든 그리스도인은 이렇게 강력하게 성령님의 인도를 받을 수 있지만, 실제로 그렇게 살아가는 사람은 많지 않습니다. 그래서 우리는 라디오, 텔레비전, 인터넷, 서신 등과 같은 현실적인 방법을 통해 말씀으로 사람들의 삶에 다가가는 것입니다.

## 내가 땅에서 들리면

요한복음 12장 32절로 돌아가 보면, 영어 킹제임스 성경에서 '사람들men'이라는 단어가 이탤릭체로 표시된 것을 볼 수 있습니다. 이는 헬라어 원문에는 이 단어가 없으며 영어 문장의 문법을 맞추기 위해 번역자들이 보충한 것임을 의미합니다. 히브리어와 헬라어는 영어와는 구조가 매우 다른 언어이기 때문에 번역자들이 종종 영어 문장의 자연스러움을 위해 단어를 추가하기도 합니다. 그리고 이러한 단어가 원문에 없는 것임을 독자에게 알리기 위해 이탤릭체로 표시한 것입니다. 이것은 번역자들이 최소한의 진실성과 정직함을 지킨 것입니다. 다시 말해, 그런 단어들은 번역자의 첨가나 해석에 따른 것이라는 뜻입니다.

그렇다면 요한복음 12장 32절이 실제로 말하는 바는 무엇일까요?

> 또 내가 땅에서 들리면 모든(all, 영어에서는 all이 대명사로도 쓰이기 때문에 반드시 뒤에 단어가 필요하지는 않음, 역자 주) … 을 내게로 이끌어 오리라.
>
> 요한복음 12:32, 한글킹제임스

비록 이 문장에서 '모든all'이 무엇을 의미하는지 주님이 구체적으로 밝히시지는 않았지만, 문맥을 보면 그 의미는 분명합니다. 32절을 31절과 33절의 내용에 비추어 자세히 살펴보겠습니다.

> 이제 이 세상에 대한 심판이 이르렀으니 이 세상의 임금이 쫓겨나리라 내가 땅에서 들리면 모든 (심판)을 내게로 이끌겠노라 하시니 이렇게 말씀하심은 자기가 어떠한 죽음으로 죽을 것을 보이심이러라　　　　　요한복음 12:31-33

31절의 주제는 '심판' 입니다. 그리고 33절을 보면, 32절은 예수님께서 자신이 어떤 방식으로 죽임을 당하실 것인지 말씀하신 것임을 알 수 있습니다. 즉 예수님은 "네가 옳은 메시지를 전하면 모두가 너에게 올 것이다."라고 말씀하신 것이 아닙니다. 그분은 다가오는 자신의 십자가 죽음을 말씀하고 계셨던 것입니다. 이렇게 보면, 31절의 주제인 심판이 32절로 이어지고 있음을 알 수 있습니다. 따라서 예수님의 말씀은 이런 뜻입니다. "내가 십자가에 들리면, 온 인류에 대한 하나님의 모든 심판을 나에게로 이끌어 올 것이다."

## 결코 정죄함이 없나니

온 인류에 대한 하나님의 모든 심판은 십자가에서 예수님께로 넘어갔습니다. 하나님께서는 우리가 받아야 할 징벌로 예수님을 벌하셨습니다. 아버지 하나님은 우리가 받아야 할 심판을 자신의 아들에게 내리셨고, 우리가 받아야 할 징벌로 그 아들을 벌하셨습니다. 그렇기 때문에 오늘날 하나님께서 우리를 다시 심판하신다면, 그것은 이미 판결된 사건을 다시 심판하는, 곧 일사부재리의 원칙에 어긋나는 것입니다. 어떤 면에서는 그것이 곧 하나님의 아들이신 주 예수 그리스도께서 이루신 일을 무효화하고 무시하는 행위가 됩니다. 하나님은 우리의 죄를 이미 그 아들의 육신에 심판하셨습니다.

> 그러므로 이제 그리스도 예수 안에 있는 자들에게는 결코 정죄함condemnation이 없나니 이는 그리스도 예수 안에 있는 생명의 성령의 법이 죄와 사망의 법에서 너를 해방하였음이라 율법이 육신으로 말미암아 연약하여 할 수 없는 그것을 하나님은 하시나니 곧 죄로 말미암아 자기 아들을 죄 있는 육신의 모양으로 보내어 육신에 죄를 정하사condemned,
> 유죄를 선고하사                          로마서 8:1-3

'정죄하다condemn'라는 단어는 곧 '심판하다judge'라는 뜻입니다. 아버지 하나님은 주 예수 그리스도의 육신에 죄를 심판하셨습니다.

> 육신을 따르지 않고 그 영을 따라 행하는 우리에게 율법의
> 요구가 이루어지게 하려 하심이니라         로마서 8:4

로마서 8장 3절은 하나님께서 자신의 아들의 육신에 죄를 심판하셨다고 말합니다. 하나님은 당신의 죄를 그의 아들에게 담당하게 하시고, 그를 심판하셨습니다. 미국의 사법 제도에서는 어떤 사람이 재판을 받고 감옥에 수감되어 형을 모두 마쳤다면, 그를 다시 재판할 수 없습니다. 그는 이미 죗값을 치렀기 때문입니다. 그를 다시 법정에 세워 판결하고, 이미 받은 형벌에 대해 또다시 징벌하는 일은 허용되지 않습니다. 이것을 '일사부재리의 원칙'이라고 합니다.

예수님께서 우리의 죄로 인해 고통을 받으셨습니다. 그분은 우리가 받아야 마땅한 징벌과 하늘 아버지와의 단절에서 오는 고통을 대신 당하셨습니다.

> 나의 하나님, 나의 하나님 어찌하여 나를 버리셨나이까
>                                    마가복음 15:34

예수님께서 우리를 위해 버림받으셨기 때문에 우리는 결코 버림받지 않습니다. 예수님께서 우리를 위해 하나님에게서 끊어지셨기 때문에 우리는 결코 하나님에게서 끊어지지 않습니다. 예수님께서 우리를 위해 하나님께 징벌을 받으셨기 때문에 우리는 결코

우리의 죄로 인해 하나님께 징벌을 받지 않습니다. 이처럼 너무나 분명한 진리임에도 오늘날 그리스도의 몸 된 교회는 사람들의 죄를 그들에게 돌리며 이렇게 말합니다. "그건 당신이 한 일이 잖아요? 그런 죄를 지었으니 하나님은 절대 당신을 치유하지 않으실 겁니다. 당신이 이 죄를 회개하지 않는다면 하나님은 절대로 당신의 삶 가운데 역사하실 수 없습니다." 그들은 당신이 지은 죄에 대해 당신에게 책임을 묻고, 결국 당신이 자신의 죄로 인해 고통을 받아야 한다고 말합니다.

**우리는 어리석지만, 하나님은 그런 우리를 사랑하신다!**

"그런데 워맥 목사님, 그렇다면 저의 죄에 따른 결과는 없다는 말씀인가요?" 아닙니다! 제 말은 그런 뜻이 아닙니다. 죄에는 실제로 많은 결과가 따릅니다. 만약 당신이 죄 가운데 살고 있다면, 정말 어리석은 일입니다. 왜냐하면 우리는 하나님만 상대하고 있는 것이 아니기 때문입니다.

당신의 죄에 대한 하나님의 심판은 이미 끝났습니다. 하나님께서는 당신이 받아야 할 징벌과 거절 그리고 책망을 예수 그리스도에게 모두 부과하셨습니다. 그렇기 때문에 하나님은 결코 당신을 벌하시거나, 거절하시거나, 책망하지 않으실 것입니다. 죄에 대한 하나님의 징벌은 이미 끝났기 때문입니다. 그러나 죄는 마귀가 당신의 삶에 들어오는 문을 열어 준다는 사실을 명심하시기 바랍니다. 죄에 대한 수직적인 영향, 즉 하나님의 진노와 심판은 이미 처리되었습니다. 그러나 죄에 대한 수평적인 영향은 여전히 파괴적입니다.

> 너희 자신을 종으로 내주어 누구에게 순종하든지 그 순종함을 받는 자의 종이 되는 줄을 너희가 알지 못하느냐 혹은 죄의 종으로 사망에 이르고 혹은 순종의 종으로 의에 이르느니라
> 
> 로마서 6:16

죄에 순종하는 것은 죄의 근원에게 순종하는 것입니다. 그렇기 때문에 죄 가운데 사는 것은 완전히 어리석은 일입니다. 그것은 마귀에게 문을 열어 우리의 삶을 아수라장으로 만들게 하는 것이기 때문입니다. 그런데도 하나님은 이렇게 어리석은 우리를 사랑하십니다!

우리가 어리석을지라도 하나님은 우리를 사랑하십니다. 하나님은 우리에게 화가 나 계시지 않으며 결코 우리를 벌하고 계시지도 않습니다. 그렇다고 해서 계속 죄를 지으며 살아도 된다는 뜻일까요? 우리는 앞으로도 죄를 지을 가능성이 있지만 그래도 하나님은 우리를 사랑하십니다. 우리의 모든 죄를 예수님께 이미 부과하셨기 때문입니다. 그렇다고 해서 사단이 우리의 삶에 들어올 수 있도록 문을 열어 주는 것은 어리석은 일입니다.

## 당신이 할 수 있는 일은 없다

간음은 오늘날 세상에 만연한 죄 중 하나입니다. 그런데 어떤 사람이 제가 전하는 내용을 듣고 "하나님은 나를 사랑하시고, 내 죄는 이미 대속되었으니 이제 간음해도 괜찮다."라고 말한다면, 그는 마치 러시안룰렛을 하는 것과 같습니다(러시안룰렛 - 탄창에 총알 한 발만 넣고 머리에 겨누어 방아쇠를 당기는, 목숨을 건 위험한 도박, 역자 주).

- 성적 부도덕은 온갖 종류의 성병에 문을 엽니다.
- 자신을 정죄하게 되고 양심은 더럽혀집니다.
- 자신감을 잃게 되며 자신의 마음이 자신을 찌르게 됩니다.
- 당신의 배우자뿐 아니라 간음 상대자, 자녀들과 손주들까지 많은 사람에게 상처를 줄 수 있습니다.
- 자기 자신을 수치스럽게 만들고 하나님의 나라에도 해를 끼치게 됩니다.

당신이 간음을 저질렀든 아니든, 아니면 다른 어떤 죄를 지었더라도, 하나님은 당신을 사랑하십니다! 저는 지금 죄를 옹호하려는 것이 아니라, 당신의 죄는 이미 값이 치러졌다는 사실을 말씀드리는 것입니다. 예수님께서 모든 심판을 자신에게로 이끄시고, 당신이 받아야 할 죄악과 수치 그리고 거절의 고통을 친히 감당하셨습니다. 살인하고, 거짓말하고, 속이고, 빼앗고, 다른 사람들에게 상처를 줌으로써 한 사람이 느끼게 되는 모든 감정을 직접 느끼셨습니다. 예수님은 부끄러움과 수치, 거절의 고통을 당하셨고, 하나님에게서 끊어지는 고통도 겪으셨습니다. 그분이 이 모든 것을 이미 우리를 위해 감당하셨기 때문에 우리는 그것들을 다시 감당할 필요가 전혀 없습니다.

당신이 '고행'을 해야 한다고 느끼거나 예수님께서 이미 이루신 일에 무언가를 더해야겠다고 생각한다면, 그것은 사실상 예수님에 대한 모욕입니다. 예수님께서 하신 일이 충분하지 않으니 그것을 완전하게 만들기 위해 내가 뭔가를 보태야 한다는 생각은 교만입니다. 그것은 그분을 욕되게 하는 일입니다. 우리가 할 수 있는 일은 아무것도 없습니다.

> 우리를 구원하시되 우리가 행한 바 의로운 행위로 말미암지 아니하고 오직 그의 긍휼하심을 따라 … 하셨나니
> 
> 디도서 3:5

우리가 구원받은 것은 우리의 자격이나 가치, 또는 공로 때문이 아닙니다. 우리가 주장할 수 있는 것은 하나도 없습니다. 예수님에게 우리가 더할 수 있는 것은 아무것도 없습니다!

## 7장

# 복음을 깨달으라

오늘날 "복음"이라고 제시되고 있는 것은 이렇습니다. "예수님께서 값을 치르셨지만 그것이 완전한 대가는 아닙니다. 그러므로 당신이 회개하고 어떤 기준에 부합하는 삶을 살기 전까지는 하나님께서 당신의 삶 가운데 역사하실 수 없습니다. 당신이 담배를 끊고 욕을 그만두며 그런 일을 하는 사람들과도 거리를 두지 않으면 하나님께서 당신의 기도에 응답하실 수 없습니다." 이렇게 우리는 예수님께서 이루신 일에 우리의 선함과 거룩함 그리고 행위를 보태고 있습니다. 이것이 오늘날 대부분의 교회가 전하고 있는 메시지입니다.

말할 것도 없이 우리도 모두 그러한 메시지에 노출되어 왔으며 하나님의 은총을 얻어내기 위해 우리 쪽에서 무언가를 해야만 한다고 생각해 왔습니다. 그러나 우리는 오직 예수님께서 하신 일로 인해 하나님께 받아들여진 것입니다. 그 위에 더할 수 있는 것은 아무것도 없습니다. 우리가 해야 할 일은 오직 믿음으로 그것을 받아들이는 것뿐입니다. '예수님께서 나를 위해 죽으셨고 그 모든 일들을 행하신 것은 알지만 나 역시 거룩해야만 그런 사실이 나에게 적용될 거야.' 라고 생각하는 것은 예수님께서 이루신 일을 무효로 만드는 것입니다.

> 만일 은혜로 된 것이면 행위로 말미암지 않음이니 그렇지 않으면 은혜가 은혜 되지 못하느니라    로마서 11:6

이런 말이 있습니다. "구원은 은혜로 받거나, 행위로 받거나 둘 중 하나입니다. 두 방식을 섞어서는 결코 구원받을 수 없습니다." 하나님의 은혜로 구원받고 그것을 믿음으로 받아들이든지, 아니면 자신의 선함과 공로로 구원받아야 합니다. (물론 그것은 결코 불가능한 일입니다.) 이 두 가지를 섞을 수는 없습니다. 예수님께서 최소한의 값만 지불하시고, 우리가 거기에 무언가를 더해야 하는 것이 아닙니다. 예수님께서 전부를 지불하셨습니다. 믿고 받아들이느냐, 아니면 의심하고 구원 없이 살아가느냐의 문제입니다. 이것이 복음의 진리가 역사하는 방식입니다.

그럼에도 불구하고 우리 대부분은 '행위' 중심의 사고방식에 영향을 받아왔습니다. 사단은 형제들을 참소하는 자입니다. 그는 하나님을 참소할 수 없기 때문에 모든 공격을 우리에게 집중합니다. 사실 대부분의 경우, 마귀는 하나님께 능력이 없다고 우리를 속이려 하지 않습니다. 하나님을 믿는다는 것은 그분이 무엇이든 하실 수 있는 분이라는 사실을 전제로 하는 것이기에 사람들은 하나님께 능력이 있다는 사실을 의심하지 않습니다. 사단이 우리와 싸울 때 주로 사용하는 전략은 이렇습니다. "물론 하나님은 무엇이든 하실 수 있지. 하지만 도대체 무슨 근거로 하나님께서 너를 위해 그런 일을 하시겠다고 생각하는 거냐? 너처럼 한심한 존재를 위해서 말이야!" 그러고는 우리가 누군가에게 화를 냈던 일, 말씀을 공부하지 않았던 일, 기도하지 않았던 일 등을 떠올리게 합니다. 하나님께서 내 삶에 역사하시는 것이 나의 행위에 달려 있다고 여기기 때문에 결국 하나님의 역사를 누리지 못하는 것입니다.

## 사실이라고 하기엔 너무 좋은 소식

> 내가 복음을 부끄러워하지 아니하노니 이 복음은 모든 믿는 자에게 구원을 주시는 하나님의 능력이 됨이라 먼저는 유대인에게요 그리고 헬라인에게로다 복음에는 하나님의 의가 나타나서 믿음으로 믿음에 이르게 하나니 기록된 바 오직 의인은 믿음으로 말미암아 살리라 함과 같으니라     로마서 1:16-17

오늘날 우리에게 '복음'이라는 단어는 종교적인 상투어가 되었습니다. 앞에서 이미 다루었지만, 여전히 너무 많은 사람들이 복음이 무엇을 말하는지 모르기 때문에 여기서 좀 더 다루어 보겠습니다.

사람들은 교회나 기독교와 관련된 어떤 것이든 말할 때 '복음'이라는 단어를 사용합니다. "저는 복음을 전하는 사역자입니다."라고 말하면서도, 정작 많은 이들이 '좋은 소식'이라고 할 만한 내용을 전하지는 않습니다. 복음이란 말이 '좋은 소식'인데 말입니다. "당신은 죄인이며 죄인들은 지옥행입니다. 회개하십시오! 그 길에서 돌이키지 않으면 지옥 불에 탈 것입니다!" 이렇게 말하면서 자신이 복음을 전한다고 합니다. 그러나 그것은 온전한 복음이 아닙니다. 하나님과 마귀가 있고 천국과 지옥이 존재하며 회개하지 않으면 지옥에 간다는 것은 사실입니다. 이 모든 것이 사실이지만 그것은 '좋은 소식'이 아니기에 복음이 아닙니다.

성경 이외의 헬라어 문헌 전체를 통틀어 '복음'으로 번역된 이 단어가 사용된 예는 단 두 번뿐입니다. 그 이유는 '복음'의 뜻이 단순히 '좋은 소식'이 아니기 때문입니다. 기억하십시오. '복음'은 문자 그대로 '사실이라고 하기엔 너무 좋은 소식'을 의미하는 최상급의 표현입니다. 복음 외에는 '사실이라고 하기엔 너무 좋은 소식'이 존재하지 않습니다. '복음'이라는 용어는 성경이 기록되기 전부터 성경과는 별개로 존재했던 단어이지만, 인간의 삶 가운데 그런 소식은 거의 없었기 때문에 실제로는 거의 사용되지 않았던 것입니다.

하나님을 벗어난 삶 그리고 그분이 예수님을 통해 이루신 좋은 것들에서 벗어난 삶은 고된 삶입니다. 인생은 종착지를 향해 나아가는 여정이며 우리는 정도의 차이만 있을 뿐 모두 죽음을 향해 가고 있습니다. 하나님의 선하심과 그분의 약속들 그리고 천국의 소망을 배제한 채 인생을 비판적인 시각으로 바라본다면, 인간의 삶에는 불만스럽고 괴로운 일들이 참 많습니다. 지금 당장은 아무 문제가 없는 사람이라도 잠시만 기다려보십시오. 곧 문제가 닥칠 것입니다. 인생은 원래 고된 것입니다. 그러나 예수님께서 오셔서 우리의 죄에 임한 하나님의 진노와 심판을 모두 가져가 친히 담당하셨습니다. 이것이야말로 놀라운 사랑입니다!

전능하신 하나님께서 우리를 위해 죽으셨습니다(요 10:18, 빌 2:8). 그런데 온 우주 만물이 하나님의 손안에 있습니다(사 40:12). 그 손이 얼마나 크신지 생각해 보십시오. 하나님의 손은 우주보다 더 크십니다. 그런데 그런 하나님께서 오셔서 인간의 몸을 입고 그 안에 사셨습니다. 그리고 우리가 우리의 삶을 그분께 드렸기에, 이제 그분은 우리 안에 들어와 사십니다. 그분은 우리의 죄를 지시고 우리를 위해 죽으셨습니다. 이것이야말로 '사실이라고 하기엔 너무 좋은 소식' 입니다!

**종교적인 사람들**

개미나 벼룩을 위해 죽을 사람이 있을까요? 그들은 너무나

미미한 존재들입니다. 하나님과 비교할 때 우리가 그렇습니다. 그분은 우리보다 무한히 광대하신 분이지만, 우리를 사랑하셔서 죽기까지 하셨습니다. 이것은 정말이지 사실이라고 하기엔 너무 좋은 소식입니다. 주님이 우리의 죄를 짊어지셨습니다. 그래서 바울이 '복음'이라는 단어를 사용했을 때, 그것은 단지 종교적인 상투어가 아니었고 누구도 그 말을 그냥 흘려들을 수 없었습니다. 바울이 말하고자 했던 것은 이것이었습니다. "나는 사람들에게 복음을 전하는 것을 부끄러워하지 않는다. 하나님께서 사람들의 죗값을 치르셨고 모든 것이 이미 다 이루어졌으며 하나님은 이제 진노하지 않으신다."

바울 시대의 종교 제도는 그의 말에 악을 쓰며 반발했습니다. 그들이 전하던 것은 복음이 아니라, 복음이라고도 할 수 없는 나쁜 소식이었기 때문입니다. 하나님은 진노하고 계시며 그분의 진노를 달래기 위해 수많은 종교적 의식을 행해야 한다는 것이 그들의 메시지였습니다. 안식일에는 몇 발짝을 걸었는지 일일이 계산해야 했습니다. 너무 많이 걸으면 하나님께서 진노하신다고 믿었기 때문입니다.

세례 요한은 에세네파 사람들 가운데에서 자랐습니다. 에세네파는 사해 근처에 살던 유대인들로, 사해 사본을 기록한 사람들입니다. 연구자들은 이 사본들 속에서 그들이 얼마나 율법적이고 형식주의적이었는지를 보여주는 문서들을 발견했습니다. 에세네파는 안식일에 대변을 보는 것조차 율법을 어기는 일이라고 가르쳤습니다. 그들의 생각에는 그것조차도 일로 간주될 수 있으며 안식일에는 어떤 일도 해서는 안 된다는 것이었습니다. 예수님께서 바로 그런 종교적 시스템 안으로 들어오셨고 바울도 그 문제를 다루고 있었습니다. 그들은 너무나도 형식적이고 율법적이어서 누군가 율법을 하나라도 지키지 않으면 하나님께서 진노하시고 그를 거절하실 것이라 여겼습니다.

그러나 바울은 그들에게 담대하게 선포했습니다. "나는 사람들에게 복음을 전하는 것을 부끄러워하지 않는다. 하나님은 그들을 사랑하시고 그들의 죗값은 이미 치러졌다." 그런데 오늘날 우리는 다시 원점으로 돌아와 버렸습니다. 저 또한 하나님께서 사람들을 사랑하신다고 말한 것 때문에 박해를 받았습니다. 예수님께서 그들의 죄를 담당하셨고, 하나님은 더 이상 그들에게 진노하지 않으신다고 설교한 것 때문에 많은 비난을 받았습니다. 예수님을 핍박한 사람들이 누구였습니까? 종교적인 사람들이었습니다. 바울을 핍박한 사람들은 누구였습니까? 역시 종교적인 사람들이었습니다. 그렇다면 오늘날 복음을 핍박하는 사람들은 누구겠습니까? 맞습니다. 종교적인 사람들입니다.

그들은 하나님께서 우리에게 화가 나 계시며 우리 쪽에서 어떤 행함이 없이는 하나님께서 우리의 삶 가운데 역사하지 않으실 것이라고 배워왔기 때문입니다. 오늘날에도 예수님 당시와 마찬가지로 바리새적인 종교 제도가 그대로 존재합니다. 그러나 복음은 그런 메시지와는 전혀 다른, 진짜 좋은 소식입니다!

## 치유는 구원에 포함되어 있다

로마서 1장 16절에 따르면 복음은 구원을 주시는 하나님의 능력입니다. 여기서 '구원'이라고 번역된 헬라어 '소테리아soteria'는 단지 '죄의 용서'만을 의미하는 것이 아니라 치유와 해방, 형통까지도 포함하는 개념입니다.

> 너희 중에 병든 자가 있느냐 그는 교회의 장로들을 청할 것이요 그들은 주의 이름으로 기름을 바르며 그를 위하여 기도할지니라 믿음의 기도는 병든 자를 구원하리니(소조sozo)
>
> 야고보서 5:14-15

동사 '구원하다'의 헬라어는 '소조sozo'이며 고통으로부터의 구원과 해방을 뜻하는 명사 '소테리아soteria'와 함께 사용되었습니다. 치유는 구원의 일부입니다. 그렇기 때문에 '복음은 구원을 주시는 하나님의 능력'이라는 로마서 말씀은 '복음은 치유를 주시는 하나님의 능력'이라는 의미이기도 합니다. 복음은 또한 '재정적인 형통을 주시는 하나님의 능력'이며 '정서적 안정과 해방을 주시는 하나님의 능력'입니다. 만일 평안과 기쁨과 승리를 누리지 못하고 있거나 육신의 건강을 누리지 못하고 있다면, 복음을 온전히 깨닫지 못했을 가능성이 매우 높습니다. 이 복음은 사실이라고 하기엔 너무 좋은 소식입니다. 하나님께서 나를 얼마나 사랑하시는지를 진정으로 안다면, 당신은 자신의 몸도 치유될 수 있다는 것을 깨닫게 될 것입니다.

오늘날 많은 그리스도인들이 온갖 종류의 천연 건강 제품을 홍보하고 있습니다. 그들은 채식을 해야 하며 통곡물을 먹어야 한다고 주장합니다. 요즘은 기독교 방송이나 기독교 서점에서도 복음에 관한 내용보다 건강, 식이요법, 운동에 관한 정보가 더 많은 것이 이상하지 않을 정도입니다. 물론 균형은 필요합니다. 하지만 저는 건강 문제의 대부분이 식사나 운동에 달려 있다고는 보지 않습니다. 성경도 그렇게 가르치지 않습니다.

어떤 사람은 이렇게 말할지도 모릅니다. "아니에요, 성경에도 그렇게 나와요!" 성경에도 음식에 관한 법도가 언급되긴 하지만 그것에 대한 설명은 골로새서에서 단 한 번뿐입니다.

> 그러므로 먹고 마시는 것과 절기나 초하루나 안식일을 이유로 누구든지 너희를 비판하지 못하게 하라 이것들은 장래 일의 그림자이나 몸은 그리스도의 것이니라
>
> 골로새서 2:16-17

## 성경적인 건강

음식에 대한 구약의 모든 규정들은 신약의 실재를 보여주는

그림자요 모형이었으며 그것은 이제 성취되었습니다. 그렇기 때문에 "돼지고기는 건강에 안 좋아서 하나님께서 먹지 말라고 하셨어요."라고 말하는 것은 잘못된 것입니다. 성경은 그것을 귀신의 가르침이라고 말합니다.

> 그러나 성령이 밝히 말씀하시기를 후일에 어떤 사람들이 믿음에서 떠나 미혹하는 영과 귀신의 가르침을 따르리라 하셨으니 … 어떤 음식물은 먹지 말라고 할 터이나 음식물은 하나님께서 지으신 바니 믿는 자들과 진리를 아는 자들이 감사함으로 받을 것이니라                    디모데전서 4:1, 3

누군가 고기를 먹지 말라고 합니까? 바울은 그것을 귀신의 가르침이라고 말합니다. 그렇다고 해서 지혜롭게 행동하지 말라는 뜻은 아닙니다. 그러나 세상에서 말하는 식이요법에 관한 지혜는 10년마다 바뀐다는 사실을 알아야 합니다. 제가 최근에 본 기사에 따르면 저지방 식단이 오히려 건강에 해롭다고 합니다. 저지방 음식이 두뇌 활동을 방해한다는 것입니다. 저는 예전부터 그럴 거라고 생각해 왔습니다. 우리 뇌가 제대로 활동하기 위해서는 일정량의 지방이 필요하기 때문입니다. 이렇듯 건강한 식습관의 기준은 끊임없이 바뀝니다.

그렇다면 성경 말씀은 건강에 관하여 뭐라고 말할까요?

> 마음의 즐거움은 양약이라도 심령의 근심은 **뼈**를 마르게 하느니라  잠언 17:22

> 네 부모를 공경하라 그리하면 네 하나님 여호와가 네게 준 땅에서 네 생명이 길리라  출애굽기 20:12

성경 말씀은 기쁨과 공경으로 행하라고 말합니다. 자신이 어떻게 용서받았고 얼마나 사랑받고 있는지를 깨닫게 된다면 기쁨으로 하나님을 찬양하게 될 것입니다. 이렇듯 일단 복음을 깨달으면 당신의 혼과 몸이 속한 자연적인 영역도 개선됩니다. 자신이 늘 부족하고 부정하며 정죄받고 있다고 느끼는 상태에 시달리지 않게 되면 면역 체계 또한 더 잘 작동하게 됩니다. 예수님으로부터 초자연적인 치유를 받지 않았다 하더라도 자연적인 차원에서 건강을 누리게 될 것입니다.

**완전한 평안**

물론 식단과 운동도 건강의 일부이지만 그 비중은 사람들이 생각하는 것보다 훨씬 작습니다. 증명할 수 있는 것은 아니지만 저는 개인적으로 건강의 약 20퍼센트만이 식단과 운동에 좌우된다고 생각합니다. 대부분의 사람들은 90퍼센트 이상이 식단과 운동에 달려 있다고 말하겠지만 저는 주 안에서 기뻐하는 것과 부모님을 공경하는 것 등이 이러한 자연적인 요소들보다 더 중요하다고 생각합니다. 그런데 우리 그리스도인들이 어떤 의미에서는 지나치게 인본주의적이 되어 버렸습니다. 우리는 모든 일의 영적인 뿌리를 무시하고 모든 것에 대해 물리적이고 유기적인 이유만 찾으려 합니다.

예를 들어 우울증에 대한 세상의 관점은 어떻습니까? 사람들은 이렇게 말합니다. "우울증의 원인은 특정 신경전달물질의 결핍입니다." 많은 이들이 신경전달물질이 부족해서 우울해진다고 생각하지만 실제로는 먼저 우울해졌기 때문에 그 물질이 부족해지는 것입니다. 우울증과 싸우고 있다면 말씀대로 주 안에서 기뻐하고 주 안에서 자신을 격려하기로 선택할 수도 있고, 아니면 약을 먹거나 약물을 투여받아 지탱할 수도 있습니다. 그러나 후자는 올바른 방법이 아닙니다.

> 주께서는 생각을 주께 고정시킨 자를 완전한 평강으로 지키시리니 이는 그가 주를 신뢰하기 때문이니이다.
> 
> 이사야 26:3, 킹제임스 흠정역

사람들은 이렇게 말합니다. "그 말씀이 진리이긴 하지만 충격적인 사건을 경험했거나 불우한 가정에서 자랐거나 신경전달물질의 불균형이 있는 사람에게는 예외입니다." 아니요, 성경은 그렇게 말하지 않습니다. 예외는 없습니다. 생각을 주께 고정한 사람은 완전한 평안 가운데 거하게 됩니다. 만일 당신이 지금 완전한 평안 가운데 있지 않다면 그것은 당신의 생각이 주께 고정되지 않았기 때문이거나, 아니면 생각이 종교에 고정되어 있기 때문입니다. 복음을 올바로 이해하면 그것은 건강과 기쁨 그리고 평안과 형통을 낳습니다. 너무나 놀라운 일입니다!

**직관적인 지식**

어떤 그리스도인들은 이렇게 말합니다. "사람들은 자신이 죄인이라는 것을 알아야 합니다. 하나님께서 그들에게 진노하셨다는 것을 알아야 합니다." 그러나 로마서에서 바울은 이렇게 말했습니다. "사람들은 자신이 죄인이라는 것을 이미 알고 있다. 그것은 직관적인 지식이다. 하나님께서는 하늘로부터 인간의 모든 죄와 불의에 대적하여 자신을 나타내셨다."(롬 1:18-20) 우리는 사람들을 정죄할 필요가 없습니다. 그들은 이미 그에 관한 직관적인 지식을 가지고 있기 때문입니다.

물론 그들은 자신을 속이며 그것을 부인하려 할 수 있습니다. 제가 베트남전에 참전했을 때의 일입니다. 자신이 무신론자라고 주장하는 사람들이 많았는데 그중에는 프린스턴 대학 출신의 무신론자도 있었습니다. 그는 말을 너무 잘해서 그에 비하면 저는 완전히 바보 같았습니다. 그러나 폭탄이 떨어지고 총알이 날아들기 시작하자 자기는 믿지 않는다고 했던 그 하나님께 온 마음을 다해 "하나님, 살려주세요!"라고 절규했습니다. 결국은 다 마음으로 알고 있으면서 자신을 속이고 있었던 것입니다. 생사의 순간에 처하게 되면 누구든 "하나님, 도와주세요!"라고 외칩니다. 그들도 하나님의 존재를 알고 있습니다. 신이 없다는 말은 거짓일 뿐입니다. 그렇기 때문에 사람들에게 하나님이 필요하다는 사실을 굳이 설득할 필요는 없습니다. 모든 사람은 마음으로 이미 알고 있습니다. 모두가 알고 있습니다!

이렇게 말하는 사람도 있을지 모릅니다. "그렇지만 목사님, 하나님의 존재를 정말 모르는 사람을 저는 알고 있는데요." 아닙니다. 하나님을 믿지 않는다고 말하는 사람은 있을 수 있지만 그 사람도 마음으로는 하나님께서 존재하신다는 것을 알고 있습니다. 그들의 머리와 논쟁하려 하지 마십시오. 그들의 마음으로 곧장 들어가 그들이 진리를 알고 있다는 전제하에 말하십시오. 그러면 사람들이 긍정적으로 반응할 것입니다.

로마서 1장의 나머지 부분에서 바울은 사람들에게 그들의 죄를 납득시킬 필요가 없다는 것을 보여주고 있습니다. 그들은 마음속에서 이미 정죄를 받고 있습니다. 그들은 옳고 그름이 있다는 것을 알고 있으며 하나님은 한 분이시고 자신은 그 하나님이 아니라는 것도 알고 있습니다. 이것이 모든 사람 안에 있는 직관적인 지식입니다.

# 8장

# 믿음으로 의로워지다

바울은 로마서 2장에서 종교적인 사람들이야말로 두 배로 죄가 있다는 것을 보여주었습니다. 그들은 자기 양심의 증거를 가졌을 뿐만 아니라 하나님의 말씀도 알고 있었습니다. 종교적인 사람들은 이런 이유로 하나님 앞에서 두 배로 책임이 있고 두 배로 죄가 있는 것입니다. 그래서 바울은 3장에서 다음과 같이 요약했습니다.

> 모든 사람이 죄를 범하였으매 하나님의 영광에 이르지 못하더니
> 
> 로마서 3:23

종교적인 사람들이나 종교적이지 않은 사람들 모두 자신들의 삶에 도움이 필요하다는 것을 알고 있습니다. 하나님에 대한 직관적인 지식만으로 살아가든, 아니면 배운 하나님의 말씀을

따라 행하든 누구나 자기에게 도움이 필요하다는 것을 알고 있습니다.

바울은 로마서 4장에서 다시 종교적인 사람들을 향해 말합니다. 그는 구약의 가장 위대한 조상들 중 두 사람, 아브라함과 다윗을 예로 들어 그들이 아무리 거룩했더라도 하나님 앞에서 의롭다 하심을 받지 못했음을 보여주었습니다. 그것은 전적으로 하나님의 은혜였습니다.

주님은 성경 속 인물들의 죄를 매우 솔직하게 기록하셨습니다. 다윗은 자신의 불륜을 덮기 위해 자기 수하의 장군을 죽게 하고 그의 아내와 결혼했습니다(삼하 11:3-17, 26-27). 그럼에도 불구하고 오늘날 우리는 다윗을 보며 "얼마나 위대한 왕인가! 얼마나 거룩한 사람인가!"라고 말합니다. 간음을 저지르고 살인까지 했지만 그는 하나님의 마음에 합한 사람이었습니다(삼상 13:14). 물론 저는 간음과 살인을 묵과하지 않으며 하나님 또한 그러지 않으십니다. 요점은 '하나님은 쓰임 받을 만한 사람만 쓰신다', '하나님께 쓰임 받으려면 거룩해져야 한다'는 말이 틀렸다는 것입니다.

**의로움을 위한 믿음**

하나님을 위해 일할 자격을 갖춘 사람은 지금까지 단 한 사람도 없었습니다. 저도 그런 사람이 아니며 당신도 마찬가지입니다.

하나님께 쓰임 받을 자격이 있는 사람은 예전에도 없었고 지금도 없습니다. 하나님께서는 이 점을 매우 솔직하게 말씀하셨습니다.

> 만일 아브라함이 행위로써 의롭다 하심을 받았으면 자랑할 것이 있으려니와 하나님 앞에서는 없느니라    로마서 4:2

다시 말해서, 아브라함이 자신의 위대함으로 인해 하나님께 이 모든 것을 얻어냈다 하더라도 그것을 사람들 앞에서는 자랑할 수 있었겠지만 하나님 앞에서는 그렇지 않았을 것입니다.

> 성경이 무엇을 말하느냐 아브라함이 하나님을 믿으매 그것이 그에게 의로 여겨진 바 되었느니라    로마서 4:3

이것은 창세기 15장 6절을 인용한 것입니다. 하나님께서 아브라함에게 말씀하셨습니다. "하늘을 우러러 뭇별을 셀 수 있나 보라. 네 자손이 이와 같으리라"(5절) 아브라함은 하나님을 단순하게 믿었고 그로 인해 그의 믿음이 그에게 의로 여겨졌습니다(6절).

아브라함의 아내 사라는 그의 이복누이였습니다(창 20:11-12). 레위기 18장 9절에 따르면, 이것은 하나님 앞에서 성적으로 혐오스러운 죄입니다. 만약 당시에 율법이 있었더라면 아브라함은 돌에 맞아 죽었을 것입니다. 하나님께서 이복누이와의 결혼이 잘못되었다고 언제 결정하셨다고 생각하십니까? 하나님은 변함이 없으시기 때문에 그것은 처음부터 잘못된 일이었습니다(말 3:6, 히 13:8). 그러나 율법이 주어지기 전에는 하나님께서 사람들을 긍휼로 대하셨기에 그들의 죄를 죄로 여기지 않으셨습니다(롬 5:13). 아브라함은 하나님 앞에서 성적으로 혐오스러운 죄 가운데 살았지만, 구약에서 유일하게 하나님의 친구라고 불린 사람이었습니다(대하 20:7, 약 2:23).

**경건하지 않은 자를 의롭다 하시는 하나님**

하나님께서 아브라함을 쓰신 것은 그가 하나님의 약속을 믿었기 때문입니다. 그의 선함이나 위대함 때문이 아니었습니다. 아브라함은 그렇게 뛰어난 사람이 아니었습니다. 아브라함이 십일조를 드렸던 멜기세덱은 그보다 훨씬 더 위대한 사람이었습니다. 그는 지극히 높으신 하나님의 제사장이었습니다. 히브리서 7장 7절에 따르면, 낮은 자가 높은 자에게서 축복을 받습니다. 멜기세덱이 아브라함을 축복했기 때문에(창 14:18-20) 두 사람 중 그가 더 높은 자였습니다. 그러나 하나님께서 이스라엘이라는 나라를 시작하실 때 쓰신 사람은 아브라함이었습니다. 아브라함이 세상에서 가장 뛰어나서 선택된 것이 아니었습니다. 아브라함은 하나님을 신뢰했고 그분의 약속을 믿었습니다. 하나님은 믿음 때문에 그를 사용하신 것입니다.

> 일하는 자에게는 그 삯이 은혜로 여겨지지 아니하고 보수로 여겨지거니와 일을 아니할지라도 경건하지 아니한 자를 의롭다 하시는 이를 믿는 자에게는 그의 믿음을 의로 여기시나니
>
> 로마서 4:4-5

하나님은 경건하지 않은 자들을 의롭게 하십니다. 경건하지 않은 사람들만이 하나님께서 의롭게 하실 수 있는 유일한 사람들입니다. 왜냐하면 그 외에는 의롭게 하실 사람이 없기 때문입니다. 우리 모두가 경건하지 않은 자들입니다! '경건하지 않다ungodly'는 것은 하나님과 같지 않다는 뜻입니다. 당신이 저보다 나을 수 있고 저보다 더 나은 삶을 살았을지 모르지만 그러나 지옥에 가는 죄인들 중 최고가 되고 싶은 사람이 누가 있겠습니까? 우리는 모두 죄를 범하였기에 하나님의 영광에 이르지 못하였습니다(롬 3:23).

  우리는 모두 경건하지 않습니다. 하나님처럼 지속해서 완전하게 행동하는 사람은 아무도 없습니다. 그래서 하나님은 경건하지 않은 자들만을 의롭게 하십니다. 자신이 경건하지 않다는 것을 인정하지 않으려 하는 자들은 의롭게 될 수 없습니다. 우리가 거듭난 이후에도 이와 동일한 원리가 하나님과의 관계에 적용됩니다. 하나님께서 진정으로 관계를 맺고 교제하실 수 있는 사람은 자신의 선함이나 가치, 자격을 의지하여 하나님께 나아오는 자들이 아니라 오직 하나님의 은혜와 구세주에 대한 믿음을 근거로 하나님 앞에 나아오는 자들입니다.

자신의 거룩함을 의지하는 자들은 바로 그것 때문에 하나님께 응답받지 못하고 있습니다. "하나님, 그것을 저에게 주시옵소서. 저는 받을 자격이 있습니다. 그 자격을 갖추기 위해 해야 할 일을 했습니다." 하나님께서 응답하실 수 없는 유일한 기도가 바로 그런 기도입니다. 왜일까요? 그 기도는 구세주에 대한 믿음에 근거하지 않으며 자기가 자기의 구세주인 셈이기 때문입니다. 자신의 선함에 근거해서 하나님의 응답을 받으려 하는 것입니다. 그것은 경건하지 않은 것입니다.

**하나님의 제물**

> 일한 것이 없이 하나님께 의로 여기심을 받는 사람의 복에 대하여 다윗이 말한 바 불법이 사함을 받고 죄가 가리어짐을 받는 사람들은 복이 있고          로마서 4:6-7

이것은 시편 32편 1-2절의 말씀을 인용한 것입니다. 다윗은 우리의 죗값이 치러질 은혜의 날을 예언적으로 바라보며 선포했습니다. 다윗의 죗값은 아직 치러지지 않았습니다. 그는 자신의 죗값이 언젠가 치러질 것을 기대하며 하나님과 친밀한 관계를 누렸지만, 그 죗값은 아직 치러지지 않았던 때였습니다.

구약시대에 드리던 짐승의 제사는 결코 그 누구의 죄에 대해서도 용서를 이루지 못했습니다. 황소와 염소의 피가 죄를 없앤다는 것은 불가능한 일이었습니다(히 10:4). 그것은 장차 올 일의 그림, 곧 예표와 그림자에 불과했습니다. 그것이 우리에게 끊임없이 상기시켜 주었던 것은 피 흘림 없이 즉 누군가가 자신의 생명을 내어주지 않으면 우리는 하나님과 관계를 형성할 수 없다는 것입니다.

이렇듯 구약시대에는 그러한 희생제물을 의무적으로 드려야 했음에도 다윗은 그가 밧세바와 우리아에게 그가 지었던 죄를 위한 희생제물을 드리지 않았습니다. 이 일에 관한 다윗의 회개기도인 시편 51편이 무엇을 말하는지 살펴봅시다.

> 주께서는 제사를 기뻐하지 아니하시나니 그렇지 아니하면 내가 드렸을 것이라 주는 번제를 기뻐하지 아니하시나이다 하나님께서 구하시는 제사는 상한 심령이라 하나님이여 상하고 통회하는(회개하는) 마음을 주께서 멸시하지 아니하시리이다
> 시편 51:16-17

## 예수님에 대한 모욕

다윗은 계시를 통해 짐승의 피로 드리는 제물은 단지 모형과 그림자에 불과하며 하나님께서 진실로 원하시는 것은 마음에서 우러나오는 진정한 회개라는 사실을 알았습니다. 그래서 그는

희생제물을 바치지 않았습니다. 성경에도 그가 그렇게 했다는 구절은 없습니다. 다윗은 자신의 죄가 용서받게 되리라는 것을 기대했습니다. 왜냐하면 그가 죄를 지었을 때 하나님으로부터 분리된 느낌을 받았기 때문입니다. 그래서 다윗은 이렇게 말했습니다.

> 하나님이여 내 속에 정한 마음을 창조하시고 내 안에 정직한 영을 새롭게 하소서 나를 주 앞에서 쫓아내지 마시며 주의 성령을 내게서 거두지 마소서 주의 구원의 즐거움을 내게 회복시켜 주시고 자원하는 심령을 주사 나를 붙드소서
> 시편 51:10-12

다윗이 이런 말을 한 것은 타당했습니다. 그는 거듭난 그리스도인이 아니었고 새 마음도 없었습니다. 그러나 오늘날, 그리스도 안에 있는 모든 참된 믿는 자들에게는 완전히 새로운 마음이 주어졌습니다(고후 5:17). 또한 예수님께서는 신약의 믿는 자들에게 다음과 같이 약속하셨습니다.

> 내가 결코 너희를 버리지 아니하고 너희를 떠나지 아니하리라
> 히브리서 13:5

다윗은 이러한 약속을 받지 못했기 때문에 그가 시편 51편에서 그렇게 고백한 것은 당연한 일이었습니다. 그러나 신약의 믿는

자가 "하나님이여 내 속에 정한 마음을 창조하시고 내 안에 정직한 영을 새롭게 하소서. 나를 주 앞에서 쫓아내지 마시며 주의 성령을 내게서 거두지 마소서."라고 노래하는 것은 심각한 불신앙입니다. 그것은 예수님에 대한 모욕입니다. 우리에게는 우리를 버리지도, 떠나지도 않으신다는 주님의 약속이 있습니다. 우리의 죄는 이미 용서받았습니다(요일 2:2). 거듭남은 바로 그 순간, 우리는 새 마음과 의로운 영을 받았습니다(엡 4:24). 앞으로 다시는 이미 받은 것을 또 달라고 하나님께 요구하지 마십시오. 그것은 불신앙입니다. 거듭나는 순간에 무슨 일이 일어났는지 더 자세히 알기 원하시면 『새로운 당신과 성령님』과 『영혼몸』을 읽어보시기 바랍니다.

### 사랑의 동기

구약시대 사람들이 하나님께 나아가는 방식과 오늘날 신약시대에 우리가 하나님께 나아가는 방식에는 차이가 있습니다. 그들은 앞으로 값이 지불될 것을 바라보았지만 우리는 이미 지불된 것을 돌아보고 있는 것입니다. 값은 이미 완전히 치러졌고 우리는 온전히 용서받았습니다. 용서와 죄 고백에 대해서는 이후에 더 나누겠습니다.

바울은 참된 복음에 관해 다윗이 말한 것을 다음과 같이 서술했습니다.

> 불법이 사함을 받고 죄가 가리어짐을 받는 사람들은 복이 있고 주께서 그 죄를 인정하지 아니하실(미래 시제) 사람은 복이 있도다 함과 같으니라   로마서 4:7-8

죄를 인정하지 '아니하셨다' 또는 '아니하신다'가 아닙니다. 미래 시제, 곧 '아니하실'입니다. 다윗이 알았던 것은 모든 죄, 과거와 현재 그리고 심지어 미래의 죄까지도 완전하게 값이 치러질 날이 온다는 사실이었습니다. "아니 목사님, 아직 짓지도 않은 죄가 이미 용서받았다는 말씀인가요? 그런 말씀을 하시다니, 정말 믿을 수가 없네요!" 하지만 그것이 바로 다윗이 한 말의 뜻입니다. 로마서 4장 7-8절이 바로 그것을 말하고 있습니다. 모든 죄, 과거와 현재 그리고 미래의 죄까지도 이미 해결되었고 용서받았습니다.

당신도 반드시 이것을 깨달아야 합니다. 당신과 하나님 사이를 가로막을 수 있는 것은 아무것도 없습니다. 당신은 하나님과의 관계를 망칠 수 없습니다. 하나님은 결코 당신을 떠나거나 버리지 않으시기 때문에 당신 역시 하나님을 떠나보낼 수 없습니다. 하나님은 당신을 사랑하시며 그것에 대해 당신이 할 수 있는 것은 아무것도 없습니다. 어떤 그리스도인들은 이렇게 말합니다. "아니, 그런 말씀을 하시다니요! 사람들에게 그런 확신을 주면 이제는 거리낌 없이 죄짓고 살 거 아닙니까? 도대체 뭘 위해 거룩하게 살아야 하죠?" 실제로 대부분의 교회는 거절당할지도 모른다는 두려움과 징벌에 대한 두려움을 이용해서 사람들을 곧고 좁은 길 안에 억지로 가두려 해왔습니다. 대체로 교회는 사랑보다 두려움이 더 강력한 동기라고 믿습니다. 그러나 그것은 사실이 아닙니다. 사랑이 훨씬 더 강력한 동기입니다. 사람들을 회개로 이끄는 것은 하나님의 선하심이기 때문입니다(롬 2:4).

**사랑 안에는 두려움이 없다**

> 사랑 안에 두려움이 없고 온전한 사랑이 두려움을 내쫓나니
> 두려움에는 형벌이 있음이라 두려워하는 자는 사랑 안에서
> 온전히 이루지 못하였느니라               요한일서 4:18

하나님과의 관계를 두려워하는 사람들은 하나님의 사랑이 그들의 내면에서 온전히 이루어지지 않았기 때문입니다. 두려움은 고통을 주지만 온전한 사랑은 두려움을 내쫓습니다. 당신은 무엇 때문에 하나님을 섬기고 있습니까? 혹시 하나님을 섬기지 않으면 기도에 응답하지 않으시거나 구원을 잃고 지옥에 갈까 봐 두려워서 섬기고 있는 것입니까? 그렇다면 당신은 사랑 안에서 온전하게 되지 못한 것입니다. 복음을 온전히 이해하지 못한 것입니다. 만약 당신에게 치유와 해방, 기쁨과 평안의 능력이 부족하다면 그것은 복음을 온전히 깨닫지 못해서입니다. 주님과의 관계에

고통이 있다면 그것도 같은 이유 때문입니다. 복음, 곧 사실이라고 하기엔 너무 좋은 하나님의 사랑에 관한 이 소식만이 예수님께서 당신을 위해 예비하신 모든 것을 풀어놓을 수 있습니다. 그러나 오늘날 참된 복음을 아는 사람은 극히 드뭅니다.

다윗은 그것을 알고 있었습니다. 다윗이 참된 복음에 관해 말했던 것을 바울이 로마서 4장 7-8절에 기록했습니다. 그리고 다음 구절에서 이렇게 말합니다.

> 그러면 이러한 복은 할례를 받은 사람(유대인; 종교적인 사람들)에게만 내리는 것입니까? 그렇지 않으면 할례를 받지 않은 사람(이방인; 비종교적인 사람들)에게도 내리는 것입니까? 우리는 앞에서 말하기를 "하나님께서 아브라함의 믿음을 의로 여기셨다" 하였습니다.  로마서 4:9, 새번역

### 그분의 평화를 받아들이라

그런 다음 바울은 아브라함이 할례를 받기 훨씬 전에 이미 의롭다함을 받았다는 사실을 설명했습니다. 그러므로 하나님께서 그를 받아주신 것은 그가 종교적 의무를 행했기 때문이 아니라 그의 믿음 때문이었습니다. 바울은 아브라함을 믿음의 본보기로 제시한 것입니다. 아브라함은 자녀를 낳기도 전에 열방의 아비

라고 불렸습니다(롬 4:9-22). 그것이야말로 믿음입니다! 이러한 것들을 모두 설명한 후에 바울은 다음과 같이 말했습니다.

> 그러므로 우리가 믿음으로 의롭다하심을 받았으니 우리 주 예수 그리스도로 말미암아 하나님과 화평을 누리자
>
> 로마서 5:1

우리가 하나님의 은혜로 들어갈 수 있도록 문을 열어 주는 것은 믿음입니다(롬 5:2). 이것은 곧 누가복음 2장 14절과도 일맥상통합니다.

> 지극히 높은 곳에서는 하나님께 영광이요 땅에서는 하나님이 기뻐하신 사람들 중에 평화로다 하니라  누가복음 2:14

우리는 이 평화를 어떻게 받을 수 있을까요? 복음을 이해하고 하나님께서 우리의 죄를 예수님께 담당시키셨다는 것을 깨달음으로 이 평화를 누리게 됩니다. 우리의 공로가 아닙니다. 우리가 지금 교회에 다니고 십일조를 하고 술이나 담배를 하지 않으며 그런 사람들과 어울리지 않는다고 해서 하나님과 화평을 누리는 것이 아닙니다. "삶을 어느 정도 정리하고 난 다음에 하나님과 평화를 누릴게요." 아닙니다! 예수님께서 평화케 하셨습니다. 그리스도께서 우리의 모든 죄를 담당하셨기 때문에 우리가 할 수

있는 일은 오직 그 구원의 선물을 받아들이는 것뿐입니다. 우리는 그것을 얻어낼 수 없습니다. 예수님께서 우리를 하나님 앞에 받아들여질 수 있는 존재로 만들어 주셨기 때문에 그 위에 우리가 더할 수 있는 것은 아무것도 없습니다. 하나님과 화평을 누릴 수 있는 유일한 길은 오직 믿음으로 의롭게 되는 것뿐입니다.

만약 자신의 노력과 선행을 통해 의롭게 되려고 애쓰고 있다면 바로 그것 때문에 마음에 평화가 없는 것입니다. 죄를 지을 때마다 회개하고, 기도하고, 다시 거듭나고, 또다시 용서를 받아야 한다고 생각한다면 그 모든 짐을 자기 어깨에 짊어지고 있는 것이고 그래서 자신감이 없고 안정감과 확신이 없는 것입니다. "아, 제가 또 망쳐버렸네요. 다시 하나님께 달려가서 용서를 받아야겠어요." 만약 이런 식으로 믿고 있다면, 구원의 모든 짐을 예수님께 다시 맡기십시오. 모든 죄를 인식하고 고백하려는 자신의 능력에 더 이상 의존해서는 안 됩니다.

우리는 대부분 많은 잘못을 저지르고 있으면서도 그것이 죄라는 것을 인식하지 못합니다. 그러나 다른 사람들은 우리의 잘못을 인식하고 있으며 하나님은 분명히 그렇게 보고 계십니다(약 4:17). 만약 모든 죄를 하나도 **빠짐없이** 회개하고 그것을 보혈로 덮는 일이 우리의 책임이라면, 그런 방식으로 살아가는 것은 불가능할 것입니다.

# 9장

# 죄에 거하겠느냐

또한 그로 말미암아 우리가 믿음으로 서 있는 이 은혜에 들어
감을 얻었으며 하나님의 영광을 바라고 즐거워하느니라

로마서 5:2

여기서 말하는 '들어감access'이라는 단어는 '입장admission'이라는 말의 어원과 같습니다. 극장에 가서 입장권을 사면 안으로 들어갈 수 있습니다. 그러니까 이 구절이 말하는 것은 우리가 하나님의 은혜 안으로 들어감을 얻은 것, 즉 입장할 수 있게 된 것은 믿음을 통해서라는 것입니다. 하나님의 은혜에 이르게 해주는 것은 우리의 선행이나 행함 또는 공로가 아니라 믿음입니다. 하나님께서 우리를 사랑하시는 이유는 우리가 사랑받을 만해서가 아니라 하나님이 사랑이시기 때문입니다. 얼마나 좋은 소식입니까!

> 그런즉 우리가 무슨 말을 하리요 은혜를 더하게 하려고 죄에 거하겠느냐
> 로마서 6:1

바울은 은혜를 설교하며 우리의 공로와 무관하게 우리를 사랑하시는 하나님의 사랑을 강조했습니다. 하나님의 사랑은 우리의 선행이나 자격과는 아무런 관계가 없습니다. 우리가 모든 것을 잘했든 그렇지 않든 상관이 없습니다. 그러자 곧 이런 질문이 제기되었습니다. "계속 죄 가운데 거해야 은혜가 더해진단 말인가요?" 바울의 대답은 다음과 같습니다.

> 그럴 수 없느니라
> 로마서 6:2

바울은 매우 단호하게 선언했습니다. "아니요, 그런 뜻이 아닙니다!"

## 죄 가운데 거해도 되는가?

당신이 지금까지 '복음'이라고 들어온 것이 이런 생각을 하게 만든 적이 있었습니까? '모든 죄가 용서받았다면 이제 계속 죄 가운데 살아도 되는 건가?' 이런 질문이 떠오른 적이 한 번도 없다면, 바울이 전했던 것과 동일한 복음을 들어본 적이 없는

것입니다. 바울은 이 질문에 여러 번 답해야 했습니다. 그중 두 번은 로마서 6장(1-2절, 15절)에 나옵니다.

> 그런즉 우리가 무슨 말을 하리요 은혜를 더하게 하려고 죄에 거하겠느냐 　　　　　　　　　　　　　　　로마서 6:1

혹시 당신 주변에도 이 메시지를 오해하는 사람이 있습니까? "그러면 죄 가운데 살아도 된다는 말입니까?" 하지만 논리적으로 이런 질문이 떠오르지 않는다면 그것은 신약의 초대교회가 들었던 그 복음을 듣고 있지 않다는 뜻입니다. 바로 그것 때문에 초대교회가 누렸던 결과를 우리는 누리지 못하고 있는 것입니다. 아마 오늘날 누군가가 신앙 때문에 체포된다 해도 대부분의 그리스도인은 증거 불충분으로 풀려날 것입니다. 그들의 삶에는 아무런 능력도 없고 승리도 없습니다. 그들이 그리스도인인지조차 알아볼 사람이 없을 것입니다.

　당신의 직장 사람들은 당신이 믿는 사람이라는 것을 알고 있습니까? 당신에게는 그들과 다른 점이 있습니까? 차이가 없다면 그것은 당신이 복음을 완전하게 깨닫지 못했기 때문이며 하나님께서 당신을 얼마나 사랑하시는지를 온전히 이해하지 못했기 때문입니다.

## 하나님이 당신을 사랑하신다

지금까지 저지른 일 중에 아직도 너무 수치스러워서 아무에게도 고백하지 못한 일이 있습니까? 하나님에게조차 감추려 하고 있습니까? 하나님은 이미 다 알고 계십니다. 또한 이미 그 죄를 처리하셨고 당신을 용서하셨습니다. 십자가에서 예수님이 그 죄를 담당하셨으며 당신을 위해 그 수치를 당하셨습니다. 그분은 당신이 저지른 모든 일에도 불구하고 당신을 사랑하고 계십니다.

삶의 어떤 영역에서 얼마나 실패했든 상관없이 하나님은 당신을 사랑하십니다. 그리고 그것을 진정으로 깨닫고 받아들인다면 당신에게서도 그에 상응하는 사랑이 하나님을 향해 솟아날 것입니다.

> 우리가 사랑함은 그가 먼저 우리를 사랑하셨음이라
> 요한일서 4:19

하나님께서 우리를 얼마나 사랑하시는지를 깨달으면 예수님께 열정적으로 반응하게 될 것입니다. "목사님, 저는 그런 성향이 아니에요." 저 역시 차분하고 조용한 성격입니다. 제가 설교할 때 소리를 지르거나 침을 튀기지 않기 때문에 제가 기름부음이 없다고 여기는 사람들도 있습니다. 하지만 저는 예수님께 열정적인 사람입니다. 하나님을 온 마음 다해 사랑합니다. 저는 어디든 그분을 따를 것이며 주님이 하라고 하시는 일이라면 무엇이든 할 것입니다. 저를 향한 하나님의 사랑에 대한 계시가 제 안에 있기 때문입니다. 성향이 어떻든 상황이 어떻든 그것은 전혀 문제가 되지 않습니다. 복음을 제대로 깨달으면 하나님의 능력이 당신의 삶 가운데 상상할 수 없을 만큼 강력하게 나타날 것입니다. 하나님께서 기뻐하지 않으시거나 진노하실까 봐 의무감이나 두려움 때문에 억지로 하던 일들을 이제는 사랑으로 행하게 될 것입니다. 두려움에서 비롯된 행위보다 훨씬 더 잘하고 훨씬 더 강력하게 행하며, 훨씬 더 풍성한 사랑으로 감당하게 될 것입니다.

우리는 하나님께서 사람들을 얼마나 사랑하시는지 알려야 합니다. 두려움이 아니라 사랑 때문에 섬길 때 주님을 훨씬 더 잘 섬기게 됩니다. 그렇지만 실제로는 사람들에게 동기를 부여할 때 두려움, 거절, 징벌을 사용하는 것이 더 쉬운 경우가 많습니다. 불신자들도 동일하게 반응합니다. 그래서 많은 설교자들이 이렇게 말합니다. "십일조를 하지 않으면 하나님께서 벌을 내리십니다. 당신은 철저히 저주받을 것입니다!"(말 3:9) 하지만 그것은 믿지 않는 자들에게 해당하는 말씀입니다. 설교자들은 이렇게 말해야 합니다. "하나님은 당신을 사랑하시고 당신은 자유를 누리고 있습니다. 인색함이나 억지로 하지 마시고 마음에 정한 대로 드리십시오. 하나님은 즐겨내는 자를 사랑하십니다."(고후 9:7) 물론 헌금하지 않는 것에 대한 징벌을 두려워하지 않게 되었다고 해서 자발적으로 헌금하게 되는 것은 아닙니다. 두려움에 의해 움직이지 않는 것은 좋은 일이지만 거기에서 멈춰서는 안 됩니다. 설교자는 사람들로 하여금 사랑의 동기로 움직이게 해야 하며 그래야만 그들이 마음을 다해 하나님을 사랑하게 되고 그 결과로 하나님께 더 많이 드리게 될 것입니다.

## 마지못해 하는 형식적인 신앙생활

"하지만 그러면 하나님의 나라가 손해를 보지 않겠습니까?" 인간적인 관점에서 통계를 낸 결과들은 안 좋아 보일지 모르지만, 주님은 처음부터 그런 것들에 감동하지 않으십니다. 하나님께서 기뻐하시는 사람들은 바른 동기를 가지고 마음에서 우러나 드리는 사람들입니다. 많은 사람들이 헌금을 드리고 교회에 출석하고 성경을 읽는 등 온갖 옳은 일을 하지만 형식적으로 마지못해 하고 있으며 동기 또한 잘못되었습니다. 그들은 하나님의 호의를 얻어내고 하나님께 용납받기 위해 애쓰고 있습니다. 주님은 그런 것들을 전혀 기뻐하지 않으십니다. 그런 것들은 우리가 하나님 앞에 섰을 때 불타버릴 나무, 풀, 지푸라기 같은 것들입니다(고전 3:12). 그런 종교적인 것들 가운데 그 불을 견딜 수 있는 것은 하나도 없습니다.

> 이 닦아 둔 것 외에 능히 다른 터를 닦아 둘 자가 없으니
> 이 터는 곧 예수 그리스도라 만일 누구든지 금이나 은이나

> 보석이나 나무나 풀이나 짚으로 이 터 위에 세우면 각 사람의 공적이 나타날 터인데 그 날이 공적을 밝히리니 이는 불로 나타내고 그 불이 각 사람의 공적이 어떠한 것을 시험할 것임이라                         고린도전서 3:11-13

어떤 대형 교회에는 하나님께 진정으로 헌신하지 않은 수천 명의 사람들이 출석하고 있습니다. 그들이 헌신하지 않기 때문에 하나님께서 준비하신 모든 유익을 놓치고 있습니다. 그들의 삶에는 참된 평안도 없고 기쁨도 없으며 승리도 없습니다. 그들의 신앙생활은 마지못해 형식적으로 이어지고 있으며 그것은 하나님을 기쁘시게 하지 않습니다.

많은 사람이 겉으로 보기엔 멀쩡하지만 속은 텅 비어 있습니다. 그들의 삶에는 진정한 평안이나 기쁨이 없습니다. 왜일까요? 그들을 움직이는 것이 복음이 아니기 때문입니다. 그들을 움직이는 것은 두려움과 정죄감입니다. 그것은 복음이 아닙니다.

### 신중함과 의로움과 경건함으로 살라

"하나님께서 저의 모든 죄를 용서하셨다면 이제 그냥 죄 가운데 살아도 되는 건가요?" 이런 질문이 나오지 않는다면 그것은 바울이 전했던 복음을 들어본 적이 없다는 뜻입니다. 그리고 그 질문에 대한 답은 이렇습니다. "절대 그럴 수 없습니다! 죄 가운데 사는 것은 어리석은 일입니다. 하나님께서 당신을 너무나 사랑하셔서 당신의 죄가 모두 용서되었기에 하나님의 심판은 당신의 죄 위에 임하지 않습니다. 그러나 사단은 죄를 틈타 공격하기 때문에 가능한 한 거룩하게 살아야 합니다. 그렇지만 우리가 거룩하게 사는 이유는 하나님의 축복을 받기 위해서가 아니라, 이미 그 축복을 받았기 때문입니다(엡 1:3). 우리는 하나님께 너무 감사한 나머지 그분께 영광 돌리는 삶을 살고 싶은 것입니다. 도둑질하고 죽이며 멸망시키려는 원수에게 순복해서는 안 되기 때문입니다."(요 10:10)

하나님께서 저를 복음 전하는 자로 세워주신 것이 얼마나 감사한지 모릅니다. 왜냐하면 저는 종교적인 기준으로 볼 때 매우 거룩한 삶을 살아왔기에 이 메시지를 전하는 이유가 육신적으로 죄 가운데 살기 위한 것이 아님을 보여줍니다. 제가 만약 죄 가운데 살고 있다면 사람들은 이렇게 말할지도 모릅니다. "저 사람이 왜 은혜를 설교하는지 알겠네. 그래야 자기도 마음대로 죄를 지으며 살 수 있을 테니까." 하지만 그것은 성경이 말하는 바가 아닙니다.

> 구원을 가져다주시는 하나님의 은혜가 모든 사람에게 나타나
> 우리를 가르치시되 경건치 아니한 것과 세상에 속한 정욕들을
> 우리가 거부하고 이 현 세상에서 맑은 정신을 가지고 의롭게

하나님의 뜻대로 살며 저 복된 소망과 위대하신 하나님 곧 우리의 구원자 예수 그리스도의 영광스런 나타나심을 기다리게 하셨느니라.　　　　디도서 2:11-13, 킹제임스 흠정역

　진정으로 하나님의 은혜를 깨달으면 의식하지 않아도 더 거룩한 삶을 살게 됩니다. 결과적으로 하나님을 영화롭게 하게 될 것이며 진실한 마음으로 그렇게 하게 될 것입니다. 하나님께서 기뻐하시며 당신이 하는 선한 일들 가운데 거하실 것입니다. 그 일들은 무언가를 얻기 위한 것이 아니라 사랑으로 하는 일이기 때문입니다. 주님은 기뻐하시고 당신도 깊은 만족을 누리게 될 것입니다. 이렇게 될 때 당신의 삶은 송두리째 변화될 것입니다.
　이것이 바로 복음이며 우리는 이것을 선포해야 합니다. 이 복음을 친구와 동료 그리고 가족들과 나누어야 합니다. 이 복음이 사람들을 종교적인 속박으로부터 풀어주어 자유케 할 것입니다.

# 10장
# 영원한 속죄

하나님은 죄 문제를 영원히 해결하셨습니다. 사람들은 죄 때문에 지옥에 가는 것이 아닙니다. 온 세상 모든 죄에 대한 값이 이미 지불되었습니다.

> 그는 우리 죄를 위한 화목제물이니 우리만 위할 뿐 아니요
> 온 세상의 죄를 위하심이라                    요한일서 2:2

구원받지 않은 자들의 죄에 대한 값도 이미 지불되었습니다. 예수님께서 모든 사람의 죄를 담당하셨기 때문입니다. 주님을 영접할 사람들의 죄만 담당하신 것이 아닙니다. 주님을 거절하고 미워하는 사람들의 죄도 이미 용서받았습니다.

"그러면 구원은 왜 받아야 하는 겁니까? 모든 사람들이 다 구원받았다는 뜻입니까?" 아닙니다. 제 말은 그런 말이 아닙니다.

하나님께서 지불하신 값을 당신이 받아들여야 합니다. 하나님께서 은혜로 이미 제공해 놓으신 것을 각자가 믿음으로 취해야 합니다. 그래야 각자의 삶에서 그것이 효력을 발휘하게 됩니다.

**믿음을 통해 은혜로**

> 너희가 믿음을 통해 은혜로 구원을 받았나니 그것은 너희 자신에게서 난 것이 아니요 하나님의 선물이니라.
>
> 에베소서 2:8, 킹제임스 흠정역

당신은 믿음을 통해 은혜로 구원받았습니다. 은혜로만 구원받은 것은 아닙니다. 은혜로 그리고 믿음을 통해 구원받았습니다! 은혜는 하나님께서 우리와 상관없이 하신 일입니다. 우리의 자격과는 아무 상관이 없는 것이 은혜입니다. 은혜로 하나님은 온 세상의 죄에 대한 값을 이미 치러 놓으셨습니다. 그렇지만 그것이 우리에게 영향을 미치려면 하나님의 은혜에 우리의 믿음을 부여해야만 합니다. 안타깝게도 모든 사람이 하나님의 은혜에 반응하지는 않습니다.

> 구원을 가져다주시는 하나님의 은혜가 모든 사람에게 나타나
>
> 디도서 2:11, 킹제임스 흠정역

구원을 가져다주시는 하나님의 은혜가 모든 사람들에게 이르렀습니다. 이 구절에 의하면 극악무도한 짓을 저지른 히틀러 같은 사람에게도 하나님의 은혜가 이르렀습니다. 예수님은 히틀러의 모든 죄를 하나도 빠짐없이 용서하셨지만 우리가 아는 한 그는 그리스도를 믿지 않았습니다. 오히려 점성술사 같은 사람들에게 조언을 받았습니다. 그가 거듭났었다는 증거는 전혀 없으며 영원히 하나님이 없는 곳으로 갔다는 증거뿐입니다. 자신의 죄를 대속하신 예수님을 거절했으니 그 죄에 대하여 직접 해결해야 합니다. 죄에 대한 값이 치러지지 않아서가 아닙니다. 히틀러의 악행을 무마하려는 것이 아니라 그리스도 안에서 그의 죗값이 치러졌다는 것을 말씀드리는 것입니다. 히틀러가 그것을 받아들이지 않았을 뿐입니다. 그렇기 때문에 그는 자신의 죄에 대해 직접 값을 치러야 합니다. 예수님을 자신의 구세주로 받아들이지 않은 사람들은 모두 마찬가지입니다.

하나님은 온 세상의 죗값을 전부 치르셨습니다. 모든 사람들의 죄가 이미 용서받았습니다. 사람들은 자기 죄 때문에 지옥에 가는 것이 아닙니다. 자기 죄를 위해 지불된 값을 거부해서 지옥에 가는 것입니다. 그런 사람들 중에 하나님을 증오하고 반역하는 사람들만 있는 것은 아닙니다. 셀 수 없이 많은 종교인들도 지옥으로 갑니다. 교회에 출석하고, 십일조를 드리고, 성경을 읽고, 선한 사람이 되려고 애쓴 것으로 자신의 죗값을 치를 수 있다고 생각하기 때문입니다. 그런 일들은 다 좋은 것이지만 예수님을 자신의 구원자로 영접하지는 않은 채 그들의 자격 또는 가치에 따라, 하나님께서 그들을 받아들이신다고 잘못 믿고 있습니다. 그것은 그들의 죄에 대해 지불된 값을 받아들이는 것이 아닙니다. 여전히 자기 죗값을 스스로 갚으려고 애쓰고 있습니다. 지옥에는 이런 사람들이 많을 것입니다.

**구원자를 믿을 것인가, 자신의 공로를 믿을 것인가?**

무슬림과 불교도, 힌두교도 그리고 그리스도인 각각 한 사람씩 하나님 앞에 섭니다. 하나님께서 그들에게 물으십니다. "무엇이 너에게 천국에 들어올 자격을 주느냐?" 먼저 무슬림이 대답합니다. "저는 하루에 다섯 번 기도했고 가난한 자들을 구제했습니다. 또한 이교도들과 싸우기 위해 자살테러에 참여하여 많은 사람을 죽였습니다. 그러니 천국에서 저의 자리는 물론 하렘(여러 명의 아내를 거느릴 수 있는 보상, 역자 주)도 보장받을 자격이 있습니다." 다음으로는 불교도가 말합니다. "저는 머리를 밀고 법복을 입고 가난하게 살기로 맹세했습니다. 저는 기회가 있을 때마다 자아를 부인했습니다." 다음에는 힌두교도가 말합니다. "저는 모든 사원 의식에 참석했고 절대로 고기를 먹지 않음으로써 조상들을 존중했습니다. 그렇기 때문에 더 나은 존재로 환생할 자격이 있다고 믿습니다." 그리스도인은 이렇게 말합니다. "저는 교회에 다녔고 십일조도 했고 성경도 읽었고 금식도 했고, 기도도 했습니다." 이 사람도 다른 이들과 전혀 다르지 않습니다. 기준만 다를 뿐 모두 자신 행위를 의지한 것입니다. "무엇이 너를 자격 있게 만드느냐?"라는 질문을 받자 그들은 모두 자신의 행위를 근거로 삼은 것입니다.

복음을 진정으로 깨달은 그리스도인은 이렇게 대답할 것입니다. "제가 한 일 때문이 아닙니다. 저는 오직 그리스도와 그분이 십자가에서 흘리신 보혈만을 믿습니다. 그분이 저의 구원자이십니다!" 구원자가 있는 신앙은 이 세상에 오직 기독교뿐입니다. 다른 모든 종교는 자신의 선행을 통해 신의 은총을 얻어내도록 애쓰게 합니다.

안타깝게도 오늘날 교회 안에 소위 '그리스도인'이라는 사람들이 무슬림, 불교도, 힌두교도 등 다른 종교인들과 똑같이 행동하는 경우가 너무나 많습니다. 그들은 선행을 통해 하나님께 받아들여지려고 애쓰고 있습니다. 성경을 읽고 기도하고 십일조를 드리는 등 그런 일을 하지 않으면 하나님께서 기도에 응답하지 않으실 것이라고 생각합니다. 이러한 일들은 다 좋은 것이지만 그런 행위들을 통해 기도 응답을 얻으려는 신앙은 참된 기독교가 아닙니다.

한편 진정으로 거듭나기는 했지만 이 땅에서 그리스도로 인해 아무 유익도 누리지 못하는 사람들이 있습니다(갈 5:2-4). 많은 경우 처음 거듭나는 경험은 하나님의 은혜로 이루어집니다. 예배 가운데 "내 모습 이대로 주 받으시옵소서."라는 찬양이 울려 퍼지

영원한 속죄

면 사람들은 자신을 겸손히 낮추고 하나님께 구원을 간구합니다. 하나님의 은혜에 믿음으로 반응하며 주님을 영접합니다. 그런데 이후에는 이런 생각에 빠집니다. '내가 은혜로 구원받았지만 이제는 그리스도인이니까 하나님께서 나를 사랑하시고 축복하시고 나를 쓰시고 내 기도에 응답하시려면, 금식하고 기도하고 십일조도 하고 성경 공부도 해야 해.' 이들이 천국에는 갈 수 있을지 모르지만 이전의 율법적인 사고방식과 삶의 패턴으로 다시 빠진 것입니다. 바울이 갈라디아서 5장 2절에서 말한 것도 바로 이것입니다. 그는 이렇게 말했습니다. "그리스도께서 너희에게 아무 유익이 없으리라."

### 주님은 나를 기꺼이 축복하실까?

저는 사랑으로 이 글을 씁니다. 여러분을 책망하려는 것이 아닙니다. 사단이 오랫동안 이 영역에서 너무 많은 사람들을 속이고 속박해 왔다는 사실을 여러분이 깨닫도록 돕고자 하는 것입니다. 기도를 통해 예수님을 구원자로 영접하셨습니까? 거듭나기는 했지만 지금 그리스도께서 아무런 유익이 되지 않고 있습니까? 치유를 받지 못하고 기쁨이나 평안도 없고, 하나님의 나라에 대해 아무런 기대도 없으며 오히려 두려움과 불신에 시달리고 있지는 않습니까? 그리스도인이라는 이유로 잡혀가더라도 증거가 불충분한 사람들이 많을 것입니다. 솔직히 믿지 않는 직장 동료들과 여러분 사이에는 별반 다른 점이 없지 않습니까? 어쩌면 그들이 당신이 그리스도인이라는 사실을 알게 되면 깜짝 놀랄지도 모릅니다. 만일 지금 묘사된 모습이 당신의 모습이라면 그리스도께서 당신에게 아무 유익이 없는 상태입니다.

예수님께 능력이 없기 때문이 아니라 우리가 사단의 거짓말에 속아 넘어갔기 때문입니다. 우리는 하나님께 능력이 있다는 것을 압니다. 그러나 '하나님께서 나를 위해 그 능력을 사용해 주실까?' 하고 의심하게 됩니다. 당신도 그렇게 느낀다면 죄의식 중심의 사고방식으로 되돌아간 것입니다. 다시 하나님의 은총을 얻어내야 한다고 생각하고 있는 것입니다. 자신이 충분히 잘하고 있지 못하다는 것을 알기 때문에 우리의 마음이 우리를 정죄하고 있는 것입니다. 하나님의 능력을 의심하는 것이 아니라, 그분이 나를 위해 자신의 능력을 기꺼이 사용하실지 그것을 의심하는 것입니다. 하나님께서 여전히 우리의 죄를 문제 삼고 계신다고 느끼기 때문입니다.

하나님은 우리의 죄를 예수님께 전가하셨습니다. 죄는 이제 하나님 앞에서 더 이상 문제의 쟁점이 아닙니다. 하나님은 우리의 죄를 알고 계시며 죄에서 떠나라고 말씀하시겠지만 그것은 우리를 거절하시려는 것이 아닙니다. 이미 그 죗값을 치르셨기 때문입니다. 하나님은 우리를 사랑하시며 우리가 죄 가운데 살기로 선택할 때 사단이 우리를 망하게 할 것을 아시기 때문에 그렇게 말씀하시는 것입니다.

> 도둑이 오는 것은 도둑질하고 죽이고 멸망시키려는 것뿐이요
>
> 요한복음 10:10

주님이 죄를 떠나라고 말씀하시는 이유는 우리가 죄 가운데 있을 때 마귀가 와서 우리를 훼방하거나 상하게 하고 또 그 죄를 이용할 것을 아시기 때문이지, 우리를 벌주거나 거절하시려고 우리 죄를 지적하시는 것이 아닙니다. 주님은 우리 죄에 합당한 징벌과 거절, 그 이상을 예수님께 모두 전가하셨습니다. 하나님께서 우리 삶에 있는 죄를 모르시는 것은 아니지만 그것이 우리를 향한 그분의 태도를 바꾸지는 못합니다. 하나님은 우리의 과거와 현재, 심지어 미래의 죄까지 모두 값을 치르셨기 때문입니다.

**하나를 어기면 전부 다 어긴 것**

많은 사람들이 이 부분에서 걸려 넘어집니다. 그들은 저를 비난하며 이렇게 말합니다. "어떻게 그런 말을 할 수 있습니까? 당신은 이단이군요." 그러나 저는 하나님의 은혜를 힘입어 종교적 전통에 깊이 묶여 있는 사람들 앞에서도 기꺼이 하나님의 말씀을 전할 것입니다.

어떤 사람들은 죄를 지을 때마다 하나님을 다시 거스르는 일이

되기 때문에 반드시 그 죄를 고백하고 보혈로 덮어 용서를 받아야 한다고 생각합니다. 이와 같은 주장에는 몇 가지 변형이 있습니다. 어떤 사람들은 고백하지 않은 죄가 있을 때마다 구원을 잃는다고 믿습니다. 만일 그 죄를 고백하지 못한 채 죽는다면 곧장 지옥에 간다고 말합니다. 거듭난 사람일지라도 주님과 20년 넘게 동행해 왔다 해도 소용없다고 주장합니다. 고백하지 않은 죄가 있으면 결국 모든 것을 잃게 된다는 것입니다. 일부는 이렇게 가르칩니다. 누군가 간음이나 그 밖의 다른 죄를 짓고 집으로 돌아가는 길에 교통사고를 당해 그 죄를 고백하지 못한 채 죽는다면, 회개하지 않았다는 이유로 지옥에 간다는 것입니다. 그러나 성경은 그렇게 말하지 않습니다.

바로 이런 생각 때문에 우리가 하나님을 더 깊이 경험하지 못하는 것입니다. 이것이 그리스도께서 우리의 삶 가운데 아무런 유익이 되지 못하시는 이유이기도 합니다. 우리는 하나님의 역사하심을 제한하고 있습니다. 하나님의 일하심을 우리의 자격과 가치에 연결해 놓았기 때문입니다. 그러나 사실 그 누구도 하나님의 축복을 받을 자격이 있는 사람은 없습니다. 저나 여러분이 간음이나 살인, 도둑질은 하지 않았을지 몰라도, 누구도 완전하지 않습니다.

> 누구든지 온 율법을 지키다가 그 하나를 범하면 모두 범한 자가 되나니          야고보서 2:10

앞서 말씀드렸듯 저는 평생 단 한 번도 욕을 해 본 적이 없고 술을 한 모금 마신 적도 없으며 담배를 피워 본 적도 없습니다. 그렇다고 해서 지옥에서 가장 도덕적인 죄인이 되고 싶은 사람이 어디 있겠습니까? 저는 죄를 범했고 하나님의 영광에 이르지 못했습니다(롬 3:23). 하나님의 기준을 어겼다는 점에서는 마찬가지입니다. 아주 작은 부분을 놓쳐도 전체를 놓친 것입니다. 어떤 사람이 "저는 그런 나쁜 짓은 안 해요."라고 말하면 저는 이렇게 되묻습니다. "그래서 당신은 완전합니까? 당신 삶에는 죄가 하나도 없습니까? 잘못된 것이 하나도 없습니까?" 그러면 대부분 이렇게 대답합니다. "글쎄요, 저도 문제가 있어요. 저도 죄를 지었지요." 결국 하나를 어기면 전부를 어긴 것입니다.

## 모든 사람이 영광에 이르지 못하더니

만약 하나님께서 이렇게 말씀하신다면 어떨까요? "높이 뛰어올라서 10미터 높이의 천장에 닿으면 구원을 받으리라." 다른 사람보다는 높이 뛸 수 있는 사람도 그렇게까지 할 수는 없을 것입니다. 그것이 최소 조건이라면 우리는 모두 죽을 수밖에 없습니다.

이것이 바로 율법이 작동하는 방식입니다. 우리는 이렇게 말할 수 없습니다. "내가 율법을 전부 다 지키지는 못했지만 그래도 너보다는 많이 지켰어." 지옥 2호, 지옥 3호 같은 건 없습니다. 하나를 어기면 전부를 어긴 것입니다!

　기억하십시오. 우리는 모두 죄를 범했고 하나님의 영광에 이르지 못했습니다(롬 3:23). "간음을 저지르고 집으로 가다 차 사고로 죽었는데, 그 죄를 고백하지도 않은 사람이 죽어서 천국에 간다고? 하나님은 방금 간음을 저지른 사람을 받아 주실 수 없어요!" 그렇지 않습니다. 간음하지 말라고 명령한 성경이 또한 이 땅의 법에 순종하라고도 합니다(출 20:14, 롬 13:1-7). 그렇다면 제한 속도가 시속 55마일인 구간에서 56마일로 운전하는 사람은 어떻게 되겠습니까? 법을 어긴 것입니다. 하나님께서 명하신 것을 어긴 것입니다. "아니, 목사님. 그건 좀 다르죠. 간음죄랑 시속 1마일 과속한 게 같습니까!"

　사람들이 보기엔 다를 수 있고 책임져야 하는 결과에 있어서는 차이가 있을 수 있겠지만, 간음하지 말라고 하신 분이 또한 남을 비방하지 말라고 하셨습니다(레 19:16). 과식은 술 취함과 같은 절에 함께 언급되어 있습니다(잠 23:20-21). 주님은 마음에 음욕을 품으면 실제로 그 죄를 범한 것과 같다고 하셨습니다(마 5:28). 마음으로 누군가를 미워하면 살인한 것과 같습니다(요일 3:15). 그러니 '죄가 있는 사람을 하나님께서 받아 주신다니, 믿을 수가 없어.'라는 생각은 버리는 게 좋습니다. 왜냐하면 우리는 모두 죄를 범했고 하나님의 영광에 이르지 못했으니까요.

**단번에 들어가셨다!**

하나님께서 죄를 처리하셨습니다.

> 그리스도께서는 장래 좋은 일의 대제사장으로 오사 손으로 짓지 아니한 것 곧 이 창조에 속하지 아니한 더 크고 온전한 장막으로 말미암아 염소와 송아지의 피로 하지 아니하고 오직 자기의 피로 영원한 속죄를 이루사 단번에 성소에 들어가셨느니라
> 히브리서 9:11-12

예수님은 단 한 번 들어가셨습니다. 바로 한 번입니다! 이 말은 예수님께서 반복해서 속죄하신 것이 아니라는 뜻입니다. 우리가 죄를 지을 때마다 주님은 그 죄가 보혈 아래로 들어오기를 회개할 때까지 기다리실 필요가 없습니다. 말씀에 기록된 대로, 그리스도께서는 단 한 번 성소에 들어가셔서 우리를 위하여 영원한 속죄를 이루셨습니다(히 9:12).

주님이 이루신 속죄(속량)는 다음 죄를 지을 때까지만 유효한 단기적인 것이 아니었습니다. 죄를 지을 때마다 또다시 회개하고, 보혈을 다시 적용하고, 다시 속량 받아야 하는 그런 것이 아니었습니다. 그리스도께서는 단 한 번 들어가셔서 우리를 위한 영원한 속죄를 이루셨습니다. 이것은 많은 사람들이 주장하는 것의 근거를 무너뜨리고 그들이 믿는 것의 핵심을 전부 흔들어 놓습니다.

## 죄를 지어 이전의 상태로 갔는가?

대부분의 그리스도인들은 주님께 나왔던 그 시점까지의 죄만 용서받는다고 생각합니다. 그리고 그리스도인이 된 이후에는 죄를 지을 때마다 주님께 달려가서 그 죄를 자백하고 회개해야 한다고 생각합니다. 그렇게 하지 않은 채 죽는다면, 고백하지 않은 죄 때문에 지옥에 가거나 하나님과의 교제가 끊어진다고 여깁니다. 종교는 이것을 'backsliding', 즉 '죄를 지어 이전 상태로 되돌아간 것'이라 부릅니다.(backsliding에 해당하는 한국어 단어가 없어서 문장으로 풀어 설명함, 역자 주) 종교적인 사람들은 이렇게 말합니다. "그 죄를 회개하고 다시 하나님과의 관계로 돌아와야 합니다."

이러한 잘못된 교리에는 보다 순화된 형태도 있습니다. 그들은 이렇게 말합니다. "구원을 잃지는 않습니다. 고백하지 못한 죄가 있거나 죄를 지어 이전의 상태로 돌아간 채 죽는다 해도, 당신은 천국에 갑니다. 그러나 하나님의 임재를 누릴 수는 없습니다. 주님은 부정한 그릇과는 교제하지 않으시니까요. 더러운 그릇을 채우실 수는 없습니다. 당신 삶에 죄가 하나라도 있다면 그분은 당신의 기도에 응답하실 수 없습니다." 만약 이것이 사실이라면, 하나님께는 교제하실 사람이 아무도 없고 그 누구의 기도에도 응답하실 수 없을 것입니다. 우리 모두에게 잘못된 것이 있기 때문입니다.

**양립할 수 없는 것들**

죄는 우리가 저지르는 일뿐만 아니라 우리가 하지 않는 것도 포함합니다.

> 그러므로 사람이 선을 행할 줄 알고도 행하지 아니하면 죄니라
> 야고보서 4:17

그렇기 때문에 죄란 하지 말라는 명령을 어기는 것뿐만 아니라 선을 행해야 한다는 것을 알면서도 하지 않으면, 그것 역시 죄입니다. 상대를 사랑해야 한다는 것을 알고도 하지 않거나 기도해야 한다는 것을 알고도 하지 않거나 '그리스도께서 교회를 사랑하신 것처럼 아내를 사랑하고 또 교회가 그리스도께 하듯 남편을 존중해야 한다.'(엡 5:25-26)고 하나님께 마음에 찔림을 받으면서도 그렇게 하지 않고 있습니까? 해야 하는데도 하지 않는 것이 있다면, 그것은 그 부분에서 실패한 것이며 성경적인 죄의 정의에 따라 보면 우리 모두가 죄를 짓고 있는 것입니다. 이렇듯 '삶에 죄가 있으면 하나님과 교제할 수 없다'는 것이 사실이라면 그 어떤 누구도 주님과 교제할 수 없습니다.

우리는 지금까지 거짓을 받아들여 왔습니다. 죄를 지을 때마다 하나님을 다시 노하시게 만드는 것이라서 반드시 그 죄를 회개하고 자백하여 그 죄를 매번 보혈로 덮어야 한다고 믿는 것입니다.

이러한 사고방식 때문에 그리고 우리가 항상 실수하고 있다는 것을 내면에서 알고 있기 때문에 우리는 스스로 합당하지 않다고 느끼고 하나님께서 우리를 참으로 사랑하신다는 확고한 확신을 갖지 못합니다. 하나님께서 우리를 사랑하신다고 말은 하지만 곧 돌아서서 이렇게 고백합니다. "나는 하나님께서 왜 이 병을 고쳐 주지 않으셨는지 알고 있어. 그분은 내가 고통받도록 허락하신 거야. 주님은 내가 사랑하는 사람들에게 교통사고를 허락하셔서 그들을 죽게 하셨어. 테러범들과 쓰나미, 태풍 같은 재앙을 보내신 분은 바로 하나님이야. 하나님께서 화가 나신 거야!" 한쪽으로는 "하나님께서 우리를 사랑하십니다."라고 말하면서 다른 한쪽으로는 "하나님께서 우리 죄 때문에 우리에게 벌을 주고 계십니다."라고 말합니다. 그러나 이 둘은 양립할 수 없습니다.

예수님께서 우리를 위해 이루신 속죄(속량)는 영원한 것이기 때문입니다.

## 11장

# 참된 거래

염소와 황소의 피와 및 암송아지의 재를 부정한 자에게 뿌려
그 육체를 정결하게 하여 거룩하게 하거든

히브리서 9:13

히브리서 기자는 히브리인들, 즉 유대인인 그리스도인들에게 이 글을 쓰고 있습니다. 그들은 구약의 언약과 율법 그리고 의례를 모두 알고 있었습니다. 그렇기 때문에 히브리서 기자는 이렇게 말하고 있는 것입니다. "구약의 희생제물이 그들에게 조금이라도 유익했다면, 주 예수 그리스도의 희생으로 인한 유익은 얼마나 더 크겠는가? 구약의 그 모든 희생제물들은 예수님께서 치르실 희생을 가리키는 것이었다."

> 하물며 영원하신 성령으로 말미암아 흠 없는 자기를 하나님께 드린 그리스도의 피가 어찌 너희 양심을 죽은 행실에서 깨끗하게 하고 살아 계신 하나님을 섬기게 하지 못하겠느냐
>
> 히브리서 9:14

문제는 우리가 더럽혀진 의식(양심)을 가지고 있다는 것입니다. 예수님께서 우리 죄를 위해 하신 일에 대한 진리로 우리의 양심을 정결케 하지 못한 것입니다. 그래서 사단은 우리가 저지른 일들을 꺼내 보이며 이렇게 말합니다. "하나님이 계신 것도 맞고 그분에게 능력이 있는 것도 맞지만, 너처럼 한심한 인간에게 그 능력을 베풀진 않으신다!" 우리는 스스로 자격이 없다는 것을 알기에 마귀의 정죄를 받아들이고, 그 결과 하나님께 대한 우리의 믿음과 담대함이 무너집니다. 그러나 좋은 소식이 있습니다. 바로 복음입니다! 우리는 자격이 없지만 하나님은 우리에게 마땅히 받을 만한 것을 주시는 분이 아닙니다. 우리는 하나님께서 받으셔야 할 것을 받습니다. 우리는 예수님의 이름을 사용할 수 있고, 하나님은 우리에게 화내고 계시지 않으며 우리의 죄를 우리에게 돌리지도 않으십니다. 예수님은 단 한 번 성소에 들어가셔서 우리를 위해 영원한 속죄(속량)를 이루셨습니다. 그분은 우리의 모든 죄, 과거와 현재 그리고 아직 짓지 않은 죄까지 모두 치르셨습니다. 당신의 죄는 용서받았습니다.

## 영원한 유업의 상속

누군가는 이렇게 질문할지도 모릅니다. "어떻게 그런 일이 가능합니까?" 계속해서 말씀을 읽어봅시다.

> 이런 까닭에 그분께서는 새 상속 언약의 중재자이시니 이것은 첫 상속 언약 아래 있던 범죄들을 구속하시려고 죽으심으로써 부르심을 받은 자들이 영원한 상속 유업의 약속을 받게 하려 하심이라.       히브리서 9:15, 킹제임스 흠정역

우리는 단지 유업만 상속받은 것이 아닙니다. 죄를 짓기 전까지만 하나님의 가족이다가 죄를 지으면 그 자격을 잃는 것이 아닙니다. 자녀의 특권을 모두 잃거나 '아무것도 받을 수 없는 자녀들'의 명단을 하나님께서 따로 만들어 거기에 우리 이름을 올리시는 것도 아닙니다. "너는 바르게 살지 못했으니 아무런 혜택도 없다."라고 말씀하시지 않습니다! 우리는 '영원한 유업'을 상속받습니다.

거듭나는 그 순간, 당신은 이미 더 이상 용서받을 것이 없을 만큼 완전히 용서받은 존재가 됩니다. 그러므로 주님과 영원히 함께하기 위해 천국에 들어갈 때 더 깨끗해져야 할 것이 전혀 없습니다. 거듭난 당신의 영은 지금 이 순간, 앞으로도 결코 달라질 수 없을 만큼 완전하고 거룩합니다. 하지만 우리의 몸과 혼은 죄로 인해 여전히 더러워질 수 있습니다. 우리의 양심도 더러워질 수 있고,

그 틈을 타 사단이 들어와 우리를 이용합니다. 그러다 우리가 주님과 영원히 함께하기 위해 주님께로 갈 때에는 영화롭게 변한 몸과 혼을 받게 될 것입니다. 그러나 지금 바로 이 순간, 우리의 영은 더 이상 거듭날 수 없을 만큼 완전히 거듭난 상태입니다. 거듭난 당신의 영은 예수님처럼 깨끗하고 거룩하며 정결합니다(요일 4:17).

## 새로운 피조물

"아니, 어떻게 그럴 수가 있단 말입니까?" 거울을 보니 얼굴엔 잡티와 주름이 가득하고 배는 불룩한데다 머리는 희끗희끗합니다. 그런 모습을 보면서 이렇게 생각합니다. '내가 어떻게 의롭단 말인가?' 말씀은 우리의 물리적인 몸에 관해 말하는 것이 아닙니다. 혼의 영역은 어떻습니까? 품지 말아야 할 생각이나 태도, 감정들이 있습니다. 그러면 또 이렇게 생각합니다. '정말 이해가 안 되네. 어떻게 내가 의롭단 말인가?' 거듭난 것은 혼이 아니라 영입니다. 의와 참된 거룩함으로 창조된 부분은 당신의 영입니다. 그러나 영을 거울로 들여다보거나 감각으로 느낄 수는 없습니다. 영은 오직 하나님의 말씀을 통해서만 인지할 수 있습니다.

예수님은 이렇게 말씀하셨습니다.

> 내가 너희에게 이른 말은 영이요 생명이라    요한복음 6:63

자신의 거듭난 영이 어떤 상태인지 알고자 한다면, 하나님의 말씀을 살펴봐야 합니다. 하나님의 말씀을 영적인 거울처럼 사용하십시오(약 1:23-25). 누군가 "요즘 어떻게 지내십니까?"라고 물어보면 대부분 이렇게 대답합니다. "몸에 통증이 생겼는데 의사 말이…" 그것은 몸의 상태를 말하는 것입니다. 또는 혼의 상태를 살피며 "낙심돼요."라거나 비슷한 반응을 보입니다. 그러나 몸과 혼은 진짜 내가 아닙니다. 진짜 나는 나의 거듭난 부분, 바로 영입니다. 누군가 어떻게 지내냐고 물으면 말씀을 펴서 들여다보고 이렇게 말해야 합니다. "저는 하늘에 속한 모든 신령한 복으로 축복받았습니다(엡 1:3). 저는 아래에 있지 않고 위에만 있으며 꼬리가 아니라 머리가 됩니다(신 28:13). 저는 복을 받고 또 받고 또 받았습니다!" 대부분의 성도들이 자신의 영이 어떤 상태인지 잘 모릅니다. 자신의 겉사람만 알 뿐입니다.

> 그러므로 누구든지 그리스도 안에 있으면 새로운 피조물이라.
> 옛 것들은 지나갔으니, 보라, 모든 것이 새롭게 되었도다.
> 고린도후서 5:17, 한글킹제임스

"옛 것들은 지나갔으니, 보라, 모든 것이 새롭게 되었도다"라는 말씀은 우리의 몸이나 혼에 관해 말하는 것이 아닙니다. 거듭나는 그 순간, 혼과 몸은 변화되지 않았지만 영은 변화되었습니다. 당신의 영은 예수님만큼 의롭고 거룩하며 정결하게 되었습니다

(엡 4:24, 요일 4:17). 당신은 용서받았고 깨끗해졌습니다. 당신은 영원한 속죄(속량)와 영원한 유업을 받았습니다(히 9:12, 15). 예수님은 단 한 번 우리를 정결케 하십니다. 다시 우리를 정결하게 하실 필요가 없습니다.

"어떻게 아직 짓지도 않은 죄를 용서받을 수 있단 말입니까?" 이 모든 일이 어떻게 가능한지는 저도 정확히 다 알 수는 없지만, 예수님은 2,000년 전에 우리의 죄를 위해 단 한 번 죽으셨습니다. 그리고 당신은 죄를 짓기 전에 용서받을 수 있기를 바라는 편이 좋을 겁니다. 왜냐하면 예수님께서는 당신이 죄를 지은 이후에 그 죄를 위해 다시 죽으신 적이 없기 때문입니다. 주님은 모든 것을 미리 내다보셨습니다. 하나님은 처음부터 끝을 아시는 분이십니다. 그분은 온 세상의 죄를 이미 알고 계셨습니다. 예수님은 당신이 죄를 짓기도 전에 그 죄들을 짊어지시고 값을 치르셨습니다. 이것이 바로 좋은 소식입니다!

### 하늘의 모형들

> 그러므로 하늘에 있는 것들의 모형은 이런 것들로써 정결하게 할 필요가 있었으나 하늘에 있는 그것들은 이런 것들보다 더 좋은 제물로 할지니라　　　　　히브리서 9:23

구약의 장막과 성전은 실제로 하늘에 있는 것들의 상징으로 가득했습니다. 하늘에는 실제로 속죄소와 분향단이 존재합니다. 하나님께서는 모세에게 지시하실 때, 모든 것을 그가 산에서 받은 양식에 따라 지으라고 명하셨습니다(출 25:40, 히 8:5). 모세는 실제로 하늘을 들여다보았고 그곳에 있는 성전을 보았습니다. 이 모든 것은 영적인 영역에 실제로 존재하는 것들의 모형이었습니다. 그것들은 각각 예수님께서 장차 이루실 일을 예표한 것들입니다. 성전의 휘장은 지성소와 성소 사이를 가로막던 예수님의 육신을 나타냈으며 예수님께서 죽으실 때 이 휘장은 위에서 아래로 찢어졌습니다.

> 이에 성소 휘장이 위로부터 아래까지 찢어져 둘이 되고 땅이 진동하며 바위가 터지고 　　　　　　　　　　마태복음 27:51

이것이 상징하는 바는 예수님의 몸이 찢기셨다는 것과 하나님께 나아가는 길이 그분을 통해 가능하게 됐다는 것입니다. 구약 시대에 제물을 드리는 제사가 반복적으로 드려진 이유는 사람들에게 그것을 거듭 상기시킬 필요가 있었기 때문입니다. 그러나 우리의 죄를 위한 참된 제사는 그렇게 반복적으로 드려져야 하는 것이 아니었습니다. 그것은 단번에 이루어졌습니다.

예수님은 온 세상의 죄를 위해 단 한 번 돌아가셨습니다. 그분은 모든 시대, 모든 사람들의 죄를 단번에 해결하셨습니다. 우리가

실수할 때마다 주님께 나아가 그분의 은총을 다시 얻어 내기 위해
애써야 할 필요가 없습니다.


**예표와 그림자 그리고 실재**

> 그리스도께서는 참 것의 그림자인 손으로 만든 성소에 들어
> 가지 아니하시고 바로 그 하늘에 들어가사 이제 우리를 위하
> 여 하나님 앞에 나타나시고 대제사장이 해마다 다른 것의
> 피로써 성소에 들어가는 것 같이 자주 자기를 드리려고 아니
> 하실지니 그리하면 그가 세상을 창조한 때부터 자주 고난을
> 받았어야 할 것이로되                    히브리서 9:24-26

대제사장은 매년 속죄일에 지성소에 들어가 희생제물을 드렸습니다. 또한 매일 아침저녁으로 드리는 희생제물도 있었습니다. 그래서 누군가가 죄를 지을 때마다 가져오는 온갖 희생제물들이 그곳에 있었습니다. 그러나 구약시대에 반복해서 드려진 희생제물과 계속해서 흐르던 피는 무언가를 보여주는 그림일 뿐이지 실재가 아니었습니다. 히브리서 기자는 희생제물을 가지고 반복적으로 성소에 들어가는 대제사장과 단 한 번 들어가신 예수님을 대조하고 있습니다. 만약 예수님께서 구약의 방법대로 하셨다면 거듭 자신을 드려야 했을 것입니다. 그러나 그분은 그렇게 하지

않으셨습니다. 예수님은 우리의 죄를 위해 단 한 번만 자신을 드리셨습니다.

> 그랬더라면 그분께서 반드시 창세 이래로 자주 고난을 당하셨어야 할 것이라. 그러나 이제 세상 끝에 그분께서 단 한 번 나타나사 자신을 희생물로 드려 죄를 제거하셨느니라. 한 번 죽는 것은 사람들에게 정해진 것이요 그 뒤에는 심판이 있나니 이와 같이 그리스도께서도 많은 사람의 죄들을 담당하시려고 단 한 번 드려지셨으며 또 자신을 기다리는 자들에게 죄와 상관없이 두 번째 나타나사 구원에 이르게 하시리라.
>
> 히브리서 9:26-28, 킹제임스 흠정역

이 말씀은 구약의 제물과 그리스도를 비교하고 있습니다. 구약 시대에 같은 제물이 반복해서 드려진 이유는 거기에 참된 능력이 없었기 때문입니다. 그것은 장차 올 참된 것의 모형이자 그림자 그리고 그림에 불과했습니다. 그러나 예수님께서 드리신 희생제물의 제사는 참된 것이었기에 그것은 단 한 번만 드려졌습니다. 그리고 그것은 모든 시대, 모든 사람들의 모든 죄를 처리했습니다. 그분은 단 한 번 성소에 들어가셔서 우리를 위한 영원한 속죄(속량)을 이루셨습니다.

## 죄에 대한 의식이 더 이상 없었을 것

> 율법은 다가올 선한 것들의 그림자는 있으나, 그것들의 형상 자체는 없으므로 그들이 해마다 계속해서 바치는 희생제물들로는 그곳으로 나아오는 자들을 결코 온전케 할 수 없느니라. 그랬더라면 그들이 제물 드리는 일을 그치지 아니하였겠느냐?
> 히브리서 10:1-2, 한글킹제임스

마지막에 붙은 물음표에 주목하십시오. 구약의 제물에 효력이 있었다면 그들은 제사를 드리는 일을 그만두었을 것이며 그 이유는 다음과 같습니다.

> 이는 경배드리는 자들이 단번에 정결케 되면 죄들에 대한 의식이 더 이상 없었을 것이기 때문이라.
> 히브리서 10:2, 한글킹제임스

구약의 제물에는 효과가 없었기 때문에 죄에 대한 의식이 계속 남아 있었고 그래서 그들은 동일한 제물을 반복해서 드렸던 것입니다. 그러나 예수님께서 드리신 신약의 제물은 실제로 효력이 있었습니다. 그렇기 때문에 우리는 더 이상 죄에 대한 의식을 가져서는 안 됩니다. 이것은 매우 급진적이며 대부분의 사람들이 생각하는 방식과는 완전히 다릅니다!

## 행위 중심의 세상

안타깝게도 대부분의 그리스도인들이 죄를 의식합니다. 죄의식은 우리 안에 기본적으로 깊이 새겨져 있습니다. 사람들도 서로를 은혜로 대하지 않습니다. "당신이 어떤 행동을 하든지 상관없이 당신을 사랑할 것입니다."라고 말하는 사람은 없습니다. 그런 삶의 본이 되는 사람도 없습니다. 은혜로 직원을 고용하는 고용주도 없습니다. "당신이 직장에 나타나든, 일을 하든 하지 않든, 어떻게 행동하든 상관없이 나는 은혜로 행하는 사람이라는 걸 아시면 좋겠습니다. 당신이 어떤 행동을 하든 연봉 인상이나 승진, 명절 보너스 등이 당신에게 보장되어 있습니다." 이런 경우는 없습니다. 이런 식으로 직원을 고용하는 곳은 없습니다. 세상의 이치가 그렇듯, 모든 것은 우리의 행위에 달려 있습니다. 성과가 없으면 견책을 받고, 강등되거나 해고당할 수도 있습니다.

부부는 서로를 조건 없이 사랑해야 합니다. 그러나 수백 명의 사람들이 저에게 찾아와 이렇게 말했습니다. "배우자 때문에 너무 화가 납니다."

저는 이렇게 대답합니다. "그래도 배우자를 용서해야 합니다."

"알아요. 하지만 그 사람이 어떤 행동을 했는지 아세요?"

"지금 당신이 무슨 말씀을 하고 있는지 아십니까? 배우자에게 그가 받을 만한 만큼만 주고 계신 거예요. 그것은 조건 없는 사랑이 아닙니다." 이렇듯 부부 사이에서도 서로의 행위에 따라 대합니다.

우리는 자녀들도 그런 식으로 대합니다. 아이들이 잘하면 칭찬하고 못하면 벌을 줍니다. 우리 주변의 온 세상이 이처럼 행위에 근거해 있습니다.

그러나 주님은 희생하시고 우리를 용서하셨습니다. 용서받을 자격이 없었지만 용서받은 것입니다. 하나님께서 우리를 용서하신 것은 그분이 우리를 사랑하시기 때문이며 그분이 좋으신 하나님이시기 때문입니다. 그렇기 때문에 우리는 죄에 대한 의식을 가져서는 안 됩니다.

## 12장
# 영과 육, 그 결정적인 차이

우리는 대부분 하나님과의 관계를 형성할 때 육신의 아버지나 주변 사람들이 우리를 대했던 방식을 따르곤 합니다. 그러나 하나님은 우리가 만나 본 그 어떤 사람보다도 더 크고 위대하신 분입니다. 그분은 우리의 죄를 전부 다 용서하셨기 때문에 우리는 더 이상 죄에 대한 의식을 가져서는 안 됩니다.

그럼에도 불구하고 보통의 그리스도인은 하나님께 나아갈 때 이렇게 말합니다. "주님, 저는 오늘 당신 앞에 너무나도 겸손히 나왔습니다. 저의 이 많은 죄들을 용서해 주소서." 우리가 그 죄들을 먼저 전부 말씀드리면 하나님께서 그것에 대해 언급하지 않으실 것이고, 우리가 말하지 않으면 분명히 지적하실 것이라고 생각하는 것입니다. 끊임없이 죄에 대한 의식을 가지고 있기 때문입니다.

당신은 하나님 앞에 나아갈 때마다 울며 슬퍼합니까? 자신이 너무나 불경건하게 느껴진 나머지 하나님께 자비를 구합니까? 진실로 거듭난 사람이라면, 물리적인 영역에서 불경건한 행동을 했을지라도 하나님의 눈에 당신은 의롭습니다. 하나님께 "저는 너무나 불경건하고 부족합니다. 이런 저를 어떻게 사랑하실 수 있겠습니까?"라고 말한다면 그것은 육을 따르는 것이지 영을 따르는 것이 아닙니다.

당신의 거듭난 영은 부정하거나 불경건하지 않습니다. 거듭난 영은 의롭고 거룩하며 정결합니다. "목사님은 제가 무슨 일을 했는지 모르시잖아요!" 그런 말을 한다는 것은 하나님께서 무엇을 하셨는지를 모른다는 뜻입니다.

### 보존되고 보호받는 존재

예수님을 믿는 순간, 그 사람은 성령으로 인치심을 받았습니다.

> 그 안에서 너희도 진리의 말씀 곧 너희의 구원의 복음을 듣고
> 그 안에서 또한 믿어 약속의 성령으로 인치심을 받았으니
> 에베소서 1:13

거듭난 영, 즉 "새 사람"은 의와 참된 거룩함으로 창조되었습니다.

하나님을 따라 의와 참된 거룩함 안에서 창조된 새 사람을 입으라.                    에베소서 4:24, 한글킹제임스

거듭난 자의 영은 지금, 이 세상에서 예수님과 같은 상태가 되었습니다.

주께서 그러하심과 같이 우리도 이 세상에서 그러하니라
                                        요한일서 4:17

또한 거듭난 자의 영은 주님과 하나가 되었습니다.

주와 합하는 자는 한 영이니라
                                        고린도전서 6:17

그리고 이 모든 선한 것들은 그 즉시 성령으로 단단히 봉인되었습니다.

그 안에서 또한 믿어 약속의 성령으로 인치심을 받았으니
                                        에베소서 1:13

음식을 통조림으로 보관할 때 병을 파라핀으로 밀봉하기도 하는데 그것이 공기를 완전히 차단하여 병 안의 음식을 보존하고

보호하는 역할을 합니다. 공기 중의 불순물이 병 안으로 들어가는 것을 막아 음식이 부패하거나 상하지 않도록 하는 것입니다. 에베소서 1장 13절에 나오는 '인치심'이라는 단어도 바로 이런 식으로 '밀봉하다'는 의미로 사용되었습니다.

우리가 거듭나는 순간 우리의 영은 보존을 위해 성령으로 즉시 진공 포장되듯 감싸집니다. 구원받은 이후 삶의 어떤 영역에서 실패하더라도 그로 인해 생기는 부패함이나 불결함, 상함은 우리의 몸과 혼에는 침투할 수 있지만 영 안으로 들어갈 수는 없습니다. 이러한 성령의 인치심(봉인)은 좋은 것은 지켜 주고 나쁜 것은 들어오지 못하게 막아 줍니다.

하나님께서 죄를 보실 때는 사람들이 보듯 하지 않으십니다. 하나님께 죄란 단지 어떤 명령을 어겨 잘못을 행하는 것만이 아니라 마땅히 했어야 할 옳은 일을 하지 않은 것도 포함됩니다(약 4:17). 누구도 예수님께서 교회를 사랑하신 것처럼 자신의 배우자를 사랑하지 못합니다. 마땅히 해야 할 만큼 열정적으로 다른 사람을 섬기는 이도 없습니다. 하나님에 관해서도 우리가 할 수 있는 만큼 충분히 묵상하는 사람도 없습니다. 그렇기 때문에 하나님의 죄에 대한 정의에 따르면 우리 모두가 그 기준에 미치지 못합니다.

성령님께서 우리의 거듭난 영을 봉인하셨다는 사실을 깨닫지 못한다면 결국 양심의 참소를 통해 거듭날 때 받은 의와 참된 거룩함을 잃어버렸다고 느끼게 될 것입니다. 양심은 옳고 그름에 대한 나름의 지식을 가지고 있기 때문에 우리의 생각과 행동에 대해 지속적으로 마음mind에 증언합니다. 그래서 조심하지 않으면 자신의 실수와 실패에 대한 그 지식에 영향을 받아 끌려가게 됩니다. 그럴 때 이렇게 생각하게 됩니다. '내가 거듭났을 때 하나님께서 새 출발을 할 수 있도록 해 주셨는데 내가 결국 또 실패했구나.' 그러면 또 자백하고 더 열심히 애쓴 끝에 이런 감정을 느끼게 됩니다. '이제 다시 제자리에 돌아왔으니 모든 것이 잘될 거야!' 하지만 머지않아 양심은 또 다른 잘못을 들추어냅니다. 이처럼 며칠이고 몇 년이고 오르락내리락하는 과정을 반복하다 보면 결국 이런 생각이 듭니다. '도대체 이런 게 다 무슨 소용이람?'

## 하나님으로부터 난 자

그것에 관한 진리를 말씀드리자면 우리의 영은 거듭나는 순간 인치심을 받았다는 것입니다. 죄와 그 영향력은 우리의 영 안으로 들어올 수 없습니다. 우리가 죄를 지을 때도 우리의 영은 그 죄에 참여하지 않습니다. 그 결과 우리의 영은 본래의 거룩함과 정결함을 유지하며 그것은 영원히 지속됩니다.

> 하나님께로부터 난 자마다 죄를 짓지 아니하나니 이는 하나님의 씨가 그의 속에 거함이요 그도 범죄하지 못하는 것은 하나님께로부터 났음이라        요한일서 3:9

이 말씀의 뜻은 지금 이 순간, 우리의 영이 앞으로 더 이상 의롭고 거룩해질 수 없을 만큼 이미 그러하다는 것입니다. 그런데도 많은 사람들이 요한일서 3장 9절 말씀을 이해하는 데 어려움을 겪는 이유는 그 말씀의 전체 맥락에서 그리스도인들도 죄를 짓는다는 사실이 분명하게 드러나기 때문입니다.

> 만일 우리가 죄가 없다고 말하면 스스로 속이고 또 진리가 우리 속에 있지 아니할 것이요       요한일서 1:8

> 만일 우리가 범죄하지 아니하였다 하면 하나님을 거짓말하는 이로 만드는 것이니 또한 그의 말씀이 우리 속에 있지 아니하니라       요한일서 1:10

> 나의 자녀들아 내가 이것을 너희에게 씀은 너희로 죄를 범하지 않게 하려 함이라 만일 누가 죄를 범하여도 아버지 앞에서 우리에게 대언자가 있으니 곧 의로우신 예수 그리스도시라
>       요한일서 2:1

사도 요한은 요한일서에서만 죄를 범하는 것에 관해 세 번이나 언급했습니다. 처음에는 "만일 우리가 죄를 짓지 않았다고 말한다면 우리는 거짓말하는 자"라고 했고 두 번째는 "내가 이것을 너희에게 쓰는 것은 너희로 하여금 죄를 범하지 않게 하려

함이라(미래형). 그러나 만일 죄를 범한다면…"이라고 말했습니다. 그런데 요한일서 3장 9절에서는 "하나님께로부터 난 자는 죄를 범할 수 없다"고 선언합니다. 이것은 매우 모순된 것처럼 들릴 수 있습니다.

성경 말씀뿐만 아니라 우리 삶의 경험도 그리스도인들이 죄를 지을 수 있다는 사실을 보여 줍니다. 그렇기 때문에 요한일서 3장 전체 문맥에 비추어 볼 때, 9절이 말하는 바는 '거듭난 그리스도인은 결코 죄를 범할 수 없다'는 뜻은 아닙니다. 그럼에도 이 구절은 분명히 '하나님께로부터 난 자는 죄를 지을 수 없다'고 말합니다. 이것이 어떻게 가능한 일일까요?

## 죄에는 크고 작은 것이 없다

어떤 사람들은 요한일서 3장 9절을 "습관적으로 죄를 지을 수는 없다"라는 뜻으로 해석합니다. 오늘날 여러 성경 번역본에서도 실제로 그렇게 번역하고 있습니다. 이런 관점으로 생각하는 사람들은 다음과 같이 말하곤 합니다. "구원받기 전에 술주정뱅이였다면 구원받은 후에도 한두 번 정도야 술에 취할 수는 있지만, 진정으로 거듭난 사람이라면 더 이상 습관적으로 죄를 짓지는 않을 것이며 결국엔 그 영역에서 승리를 이루게 될 것이다. 그렇지 않다면 진정으로 거듭난 것은 아니다."

이런 관점을 받아들이려면 죄를 등급별로 구분해야 합니다. 그러나 하나님은 그렇게 하지 않으십니다. 하나님께서는 '큰 죄'와 '작은 죄'가 따로 있지 않습니다. 하나님의 정의에 따르면 우리는 모두 습관적으로 죄를 짓습니다. 우리는 모두 하나님의 말씀을 마땅히 해야 할 만큼 꾸준히 묵상하지 못하고 있습니다. 우리는 모두 다른 사람을 마땅히 해야 할 만큼 사랑하지 못하고 있습니다. 우리는 모두 마땅히 해야 할 만큼 타인을 배려하지 못하고 있습니다. 우리는 모두 습관적으로 자기중심적인 태도로 흘러가고 있으며 하나님께서도 그 문제를 습관적으로('반복적으로'의 뜻으로, 역자 주) 다루고 계십니다.

때때로 우리는 하나님께서 '죄'라고 부르시는 것들을 그냥 지나치곤 합니다. 예를 들어 주님은 탐식을 술 취함이나 간음, 살인과 동일하게 보십니다(신 21:20). 탐식은 반복적으로 일어나는 죄입니다. 한 끼 과식한다고 해서 체중이 급격히 늘어나지는 않습니다. 아무리 많이 먹어도 하루에 많아야 1-2kg 정도의 변화만 있을 뿐입니다. 하지만 체중이 20-50kg 이상 늘어나기 위해서는 그것을 계속해서 반복해야 합니다. 과체중은 반복적인 죄의 결과입니다. 이것은 누구를 정죄하려는 말이 아니라 관점을 바로 잡기 위한 설명입니다.

만일 요한일서 3장 9절이 '진정으로 하나님으로부터 난 자라면 절대로 반복적으로 죄를 지을 수 없다'라는 의미라면 그 누구도 그 기준에는 부합할 수 없습니다. 왜냐하면 우리는 모두 반복적으로 죄를 짓기 때문입니다. 이 구절을 그렇게 설교하려면 결국 이렇게 말할 수밖에 없습니다. "큰 죄는 반복해서 지어선 안 되지만 작은 죄는 반복해도 괜찮다." 아닙니다. 이 구절은 그런 뜻이 아닙니다.

그러나 '영, 혼, 몸'의 개념을 이해하고 있다면 요한일서 3장 9절의 의미는 명확해집니다. 하나님으로부터 난 것은 우리의 '영' 뿐입니다. 우리의 혼과 몸은 주님이 값을 치르고 사신 것이지만 아직 구속되지는 않았습니다. 그래서 우리의 몸과 혼은 죄를 지을 수 있어도 우리의 영은 죄를 지을 수 없습니다. 이 말은 우리의 행위가 우리 영의 거룩함과 순결함에 아무런 영향을 줄 수 없다는 뜻입니다.

이 진리는 하나님과의 관계에서 핵심적인 기초입니다. 만일 우리가 그분의 용납(수용)을 자신의 행위에 연관시킨다면 우리는 언제나 부족하다고 느낄 수밖에 없습니다. 다른 사람들보다는 좀 더 잘하고 있는 것 같아도 우리의 양심이 우리를 정죄할 것입니다. 그리고 결국엔 그것이 하나님의 사랑과 축복을 누리는 데 방해가 됩니다. 왜냐하면 오랜 세월 그렇게 애썼는데도 자신이 여전히 부족하다는 사실을 우리는 알고 있기 때문입니다. 그러나 '영, 혼, 몸'의 개념을 이해할 때, 변한 것은 우리의 '영' 이라는 사실을 알게 됩니다. 우리의 영은 의와 참된 거룩함으로 창조되었고 성령님으로 말미암아 인치심을 받아 어떤 죄도 그 안으로 침투할 수 없습니다. 우리가 거듭날 때 받은 의로움은 오염되지 않은 상태를 유지합니다. 하나님은 영이시기 때문에 언제나 우리의 '영'과 교제하십니다. 우리의 행위가 어떠하든지 우리는 언제나 거듭난 영으로 하나님께 담대히 나아갈 수 있습니다. 이 얼마나 놀라운 일입니까!

**하나님께 담대하게 나아가라**

그리스도인이 죄를 지으면 그것이 우리의 몸과 생각 그리고 감정에 영향을 미칩니다. 그러면 사단이 우리의 육체적인 영역과 혼적인 영역에 틈을 타게 됩니다. 그러나 거듭난 우리의 영은 여전히 인치심을 받은 채로 보존됩니다(롬 6:16). 우리의 영은 의와 참된 거룩함으로 창조되었고 죄는 성령님의 인치심을 뚫고 들어올 수 없기 때문에 우리는 하나님 앞에서의 의로운 신분을 잃지 않습니다. 우리의 영은 거듭났던 바로 그 순간만큼 지금도 여전히 순결합니다. 우리의 영은 바로 이 순간에도 영원한 천국에서 갖게 될 모습만큼 의롭습니다.

우리는 그리스도 안에서 하나님의 의가 되었습니다(고후 5:21). 우리의 영은 의롭고 인치심을 받았기 때문에 그 의로움에는 변동이 없습니다. 하나님은 영이시기 때문에 우리와 영으로 교제하십니다(요 4:24). 하나님은 우리를 깨끗하고 거룩하며 순결한 존재로 보십니다. 비록 우리의 육체는 그렇지 않더라도 말입니다.

우리의 거듭난 영은 의롭기 때문에 우리가 해야 할 모든 일을 다 하지 못했더라도 하나님께 담대히 나아갈 수 있습니다. 이것이야 말로 좋은 소식입니다!

## 13장
# 온전한 상태로 거듭나다

예수님은 우리와 언약을 맺으셨습니다. 그분은 자신의 뜻을 실행하기 위해 죽으셨고 그 뜻을 집행하기 위해 다시 살아나셨습니다. 참으로 놀라운 일입니다!

> 바로 이 뜻으로 말미암아 예수 그리스도의 몸이 단 한 번 영원히 드려짐을 통해 우리가 거룩히 구별되었노라.
> 히브리서 10:10, 킹제임스 흠정역

말씀은 우리가 주 '예수 그리스도의 몸이 단 한 번 영원히' 드려짐을 통해 거룩히 구별된다고 합니다. 이 제사는 단지 '모든 사람을 위한 한 번의 제사'일 뿐 아니라 '모든 시대를 위한 단 한 번의 제사'였습니다.

제사장마다 매일 서서 섬기며 자주 같은 제사를 드리되 이 제사는 언제나 죄를 없게 하지 못하거니와 오직 그리스도는 죄를 위하여 한 영원한 제사를 드리시고 하나님 우편에 앉으사  히브리서 10:11-12

'매일', '자주' 드리던 구약의 제사와 신약의 '한 영원한 제사' 제사를 비교해 보십시오. 예수님은 우리의 죄를 위해 단 한 번의 영원한 제사를 드리셨습니다!

**거룩하게 됨**

그 후에 자기 원수들을 자기 발등상이 되게 하실 때까지 기다리시나니 그가 거룩하게 된 자들을 한 번의 제사로 영원히 온전하게 하셨느니라  히브리서 10:13-14

10절은 "예수 그리스도의 몸이 단 한 번 영원히 드려짐을 통해 우리가 거룩히 구별"되었다고 하고, 14절은 "거룩하게 된 자는 영원히 온전하게" 되었다고 합니다. 이 구절들은 우리의 몸이나 혼에 관해 말하는 것이 아닙니다. 이러한 완전함은 몸이나 혼에서 찾을 수 없습니다. 이것은 우리가 거듭난 그 순간 완전하게 변화된 우리의 영에 대한 말씀입니다.

이제 우리의 영은 주 예수 그리스도와 동일합니다(고전 6:17). 우리의 영은 죄가 없고 인치심을 받았습니다(엡 4:24, 1:13). 우리가 몸으로 죄를 지으면 그 죄는 사단에게 우리를 공격할 수 있는 틈을 열어 주어 질병과 가난 등을 가져오게 합니다(롬 6:16). 혼으로 죄를 지으면 사단이 우리의 생각을 오염시킵니다. 죄는 우리가 생각하는 능력에 영향을 주기 때문에 우리를 방해하고 지체시켜 영적인 불구상태로 만듭니다. 그러나 그 죄는 거듭난 우리의 영에는 침투하지 못합니다. 우리의 영은 이미 거룩하게 되었고 영원히 온전하게 되었기 때문입니다.

> 그러나 너희가 이른 곳은 시온 산과 살아 계신 하나님의 도성인 하늘의 예루살렘과 천만 천사와 하늘에 기록된 장자들의 모임과 교회와 만민의 심판자이신 하나님과 및 온전하게 된 의인의 영들과 히브리서 12:22-23

온전하게 된 부분은 바로 우리의 영입니다. 하나님께서 우리에게 모든 것을 아는 완전한 머리를 주셨다면 참 좋았겠지만, 그것은 앞으로 받을 것입니다(고전 13:9-12). 지금은 하나님 말씀의 진리에 맞춰 우리의 생각을 새롭게 하는 과정 중입니다. 그리고 우리의 영은 이미 거룩하고 온전하게 되었으며 하나님께서 우리의 모든 죄를 용서하셨습니다. 그분은 우리에게 화가 나 있지 않으십니다. 하나님은 우리의 거듭난 영을 보시기 때문입니다(삼상 16:7, 요 4:24). 물론 하나님은 우리의 몸과 혼이 실수하고 잘못하는 것도 아십니다. 하지만 그분은 우리를 영 안에서 바라보십니다. 우리는 그분의 걸작품입니다(엡 2:10). 예수님을 구주로 영접한 사람이라면 하나님은 그 사람을 바라보시며 이렇게 말씀하십니다. "온전하고 거룩하며 순결하고 의롭도다!"

## 그리스도의 영

우리는 예수님께서 가지신 모든 유익과 모든 특권을 동일하게 가지고 있습니다. 그 이유는 우리의 영이 단순히 먼지만 털고 닦아낸 것이 아니라 완전히 변화되었기 때문입니다.

> 너희가 아들이므로 하나님이 그 아들의 영을 우리 마음 가운데 보내사 아빠 아버지라 부르게 하셨느니라
>
> 갈라디아서 4:6

그리스도의 영이 우리 안에 계십니다.

> 누구든지 그리스도의 영이 없으면 그리스도의 사람이 아니라
>
> 로마서 8:9

"나는 그리스도의 영이 내 안에 있다고 믿지 않는다"라고 하는 사람은 거듭나야 합니다. 그리스도의 영이 없는 사람은 그분의 사람이 아니기 때문입니다. 거듭난 사람 안에는 예수님과 동일한 거듭난 영이 있습니다. 우리 안에 그분의 영이 계시기 때문입니다. 우리는 예수님의 믿음, 예수님의 지식, 예수님의 능력 그리고 예수님의 승리를 소유하고 있습니다. 예수님에 관한 사실들은 모두 거듭난 우리의 영에도 그대로 사실이며 성령님께서 그 영을 인치셨기 때문에 우리는 그 상태를 절대 잃지 않습니다.

하나님은 우리 영의 정체성에 따라 우리를 대하십니다.

## 하나님께 소유되었음을 인식하라

> 내가 생각하건대 이 현 시대의 고난들은 앞으로 우리 안에in 나타날 영광과 족히 비교될 수 없도다.
>
> 로마서 8:18, 킹제임스 흠정역

이 구절은 영광이 우리 '에게to'가 아니라 우리 '안에in' 나타날be revealed, 드러날 것이라고 합니다. 대부분의 그리스도인들은 "우리 모두 천국에 가는 그날, 그날은 얼마나 기쁜 날인가"라며 노래합니다. 또 "천국은 정말 멋진 곳일 거야!"라고 생각합니다. 그리고 실제로 그렇습니다. 우리는 부패하거나, 병들거나,

죽지 않는 영화로운 몸을 받게 될 것입니다. 또한 더 이상 의심이나 불신이 없고 모든 것을 아는 영화로운 혼도 받게 될 것입니다. 그러나 말씀은 이 세상의 고난들이 우리 '안에' 나타날 영광과는 비교할 수 없다고 합니다. 우리 '에게' 나타날 영광이 아닙니다.

우리가 하나님 앞에 서는 그 순간, 우리는 모든 것을 알게 될 것입니다(고전 13:12). 한순간에 주께서 우리의 신학을 바로잡아 주시고 우리는 모든 것을 알게 될 것입니다. 우리는 이렇게 말하게 될지도 모릅니다. "제가 비참하고 합당하지 않다고 느끼며 지내던 그 모든 시간 동안에도 저는 이미 용서받은 상태였단 말인가요? 제가 죄책감과 정죄감에 눌려 지내던 그 모든 시간에도 의롭고 거룩했었단 말인가요? 저는 제가 부족하고 하지 못한 일이 많았기 때문에 주님이 저를 위해 역사하시지 않으시리라 생각했어요." 결국 우리는 깨닫게 될 것입니다. 하나님의 영광은 이미 우리 안에 있었다는 사실을.

우리는 '우리가 예수님만큼 의롭고 순결하고 거룩했다'는 사실을 깨닫게 될 것입니다. 그리스도를 죽은 자들 가운데서 살리신 바로 그 능력이 우리 안에 계속 거하고 있었던 것입니다(엡 1:18-20). 그런데 우리는 끊임없이 하나님께 그 능력을 보내 달라고 기도하면서 마귀가 우리의 기도를 막아 하늘에 닿지 못하게 한다고 믿어 왔습니다. 하지만 그것은 성경적인 생각이 아닙니다.

어떤 사람들은 이렇게 말할지 모릅니다. "하지만 워맥 목사님, 다니엘에게는 그런 일이 있었잖아요." 아닙니다. 첫째, 방해받은 것은 다니엘의 기도가 아니라 하나님의 응답이었습니다(단 10:11-14). 둘째, 다니엘은 오늘날 우리처럼 주님이 그의 안에 거하지 않으셨습니다. 마귀가 무슨 짓을 하든 우리의 기도가 하나님께 닿는 것을 막을 수는 없습니다. 왜냐하면 하나님께서 우리 안에 계시기 때문입니다. 우리의 기도는 천장을 뚫을 필요도 없습니다. 사실 우리의 코끝을 넘을 필요도 없습니다. 그분이 바로 우리 안에 계시기 때문입니다. 우리는 하나님께 소유된 존재이며 거듭난 사람이라면 누구나 그렇습니다.

**영적 거울을 신뢰하라**

> 이는 너의 믿음의 교제가 그리스도 예수 안에서 네 안에 있는 모든 선한 것을 인식함으로 인하여 효과가 있게 하려 함이라.
> 
> 빌레몬서 1:6, 한글킹제임스

위의 말씀처럼 우리는 앞으로 그리스도 안에서 우리 안에 있는 선한 것들을 인식하는 방법으로 생각해야 합니다.

오늘날 대부분의 그리스도인들은 하나님이 무엇이든 하실 수는 있다고 믿지만 하나님께서 실제로 하신 일은 거의 없다고 생각합니다. 그래서 이렇게 기도합니다. "오 하나님, 제게 치유를 베풀어 주세요. 제 삶에 사랑을 부어 주세요." 그러나 이것은 하나님께 모욕이 되는 말입니다. 하나님은 이미 우리를 치유하시기 위해 하실 수 있는 모든 일을 다 하셨습니다(벧전 2:24). 하나님은 이미 자신의 사랑을 쏟아부으셨습니다(롬 5:8). 우리가 거듭났을 때 하나님은 그분의 아들을 우리 안에 두셨습니다. 우리는 성령의 열매인 사랑과 기쁨, 평안, 오래 참음 등을 모두 가지고 있습니다(갈 5:22-23). 우리의 영은 항상 기뻐하고, 항상 건강하며, 항상 믿고 있고, 항상 소망으로 충만하며, 항상 예수님과 같습니다. 우리가 그 유익을 누리지 못하는 유일한 이유는 우리의 사고방식mind이 하나님의 말씀보다 물리적인 영역에서 느껴지는 감각을 더 따라가기 때문입니다. 영적인 거울에 비친 모습이 아닌 물리적인 거울에 비친 모습을 더 신뢰하는 것입니다. 하나님 말씀의 진리가 아니라 느끼는 감정이나 보이는 상황을 기준으로 삶을 살아가고 있기 때문입니다.

저의 책 『영·혼·몸』과 『당신은 이미 가졌습니다』는 이 주제를 훨씬 더 자세히 다루고 있으며 하나님께서 그분의 말씀을 통해 저에게 보여주신 기초적인 계시들입니다. 이러한 기본적인 진리들을 이해하지 않고서 진정으로 승리하는 그리스도인의 삶을 살아간다는 것은 상상조차 할 수 없는 일입니다.

## 생각을 훈련하라

　우리의 영은 이미 변화되었습니다. 우리는 더 이상 깨끗해질 수도, 더 이상 순결해질 수도 없을 만큼 깨끗하고 순결합니다. 우리의 구원 가운데 3분의 1은 이미 완성된 상태입니다. 우리가 천국에 간다고 해도 우리의 영이 다시 다듬어지거나 보충을 받아 더 온전해져야 할 일은 없습니다. 우리 영은 더 이상 성장하거나 성숙해질 필요가 없습니다. 지금 이 순간, 거듭난 우리의 영은 더 이상 그럴 수 없을 만큼 온전하고 순결하며 거룩하고 성숙한 상태입니다. 그리스도인의 삶에서의 성숙은 영을 더 성장시키는 것이 아닙니다. 이미 우리 영 안에 가진 것들을 우리의 생각이 배우도록 훈련하는 것입니다. 우리는 이미 온전합니다!

　하나님은 우리가 무엇을 했기 때문에 우리를 사랑하시는 것이 아니라 하나님께서 하신 일을 근거로 우리를 사랑하십니다. 그래서 우리가 실수하고 아직 육적인 영역과 혼의 영역에서 마땅히 되어야 할 모습이 아니더라도 여전히 우리를 사랑하실 수 있는 것입니다. 하나님은 우리에게 영원한 구속과 영원한 유업을 주셨습니다. 하나님은 우리를 영원히 거룩하게 하셨고 영원히 온전하게 하셨습니다. 우리의 영은 완전하기 때문에 지금 바로 하나님의 임재 안으로 들어갈 수 있습니다. 지금 우리는 예수님께서 가지신 동일한 권리와 특권을 누릴 수 있습니다. 주 예수 그리스도의 영이 우리 안에 거하고 계시기 때문입니다. 우리가 이것을 온전히 누리지 못하는 유일한 이유는 우리가 이미 가진 것이 무엇인지 모르기 때문입니다.

우리는 이런 생각들에 속아왔습니다. "네가 죄를 지을 때마다 하나님은 너에게서 얼굴을 돌리신다. 주님은 네 죄로 인해 근심하시고 화가 나셨다." 아닙니다! 예수님은 우리의 죗값을 전부 치르셨습니다. 그분은 우리가 과거에 지은 죄뿐 아니라 앞으로 지을 모든 죄까지도 모두 미리 아시고 그것에 대한 값을 이미 지불하셨습니다. 물론 이것은 우리가 죄 가운데 살아도 된다는 격려가 아닙니다. 죄 가운데 살아간다면 사단은 우리가 죄를 지을 때마다 그것을 틈타 우리를 공격할 것입니다. 하나님은 이미 용서하셨지만, 마귀는 그 열린 문을 통해 우리의 삶으로 들어와 우리로 하여금 값을 치르게 할 것입니다. 또한 죄는 우리가 원하지 않았던 방향으로 우리를 끌고 갈 것이고 감당하고 싶지 않았던 대가를 치르게 할 것이며 머물고 싶지 않았던 곳에 더 오래 머무르게 할 것입니다. 우리는 죄 가운데 살아선 안 됩니다. 이렇듯 우리는 모두 실수를 하지만 주님은 결코 우리에게서 등을 돌리지 않으십니다.

'하나님은 나를 떠나셨어. 내 기도에도 응답하지 않으실 거야. 말씀을 예전만큼 읽지 않았기 때문에 나를 사랑하지도 않으시고 기뻐하지도 않으실 거야.' 라고 생각한다면 사단은 이런 생각들을 이용해 우리를 우울하게 하고 낙심시킬 것이며 또한 우리가 하나님의 임재와 능력을 신뢰하지 못하게 할 것입니다. 이것이 바로 사단이 우리를 무너뜨리는 지점이며 그가 모든 것을 죄에 집중하게 만들려는 이유입니다.

## 마귀가 들어올 수 있는 유일한 문

죄는 마귀가 우리 삶에 들어올 수 있는 유일한 문입니다. 마귀는 "하나님은 그런 일을 하실 수 없어. 기적을 행하실 수 없어."라고 하지 않습니다. 오히려 이렇게 말합니다. "물론 하나님은 하실 수 있지. 하지만 너는 죄인이잖아. 넌 응답 받을 자격이 없어. 하나님은 너를 위해 그 일을 하지 않으실 거야."

당신은 자신의 기도보다 저의 기도에 대해 더 큰 믿음을 가지고 있을지도 모릅니다. TV에 나오는 저를 보면서 "이 사람은 모든 것이 완벽하구나!"라고 생각하기 때문입니다. 그러나 당신이 저를 당신 자신만큼 잘 알게 된다면 당신의 기도보다 저의 기도에 대해 더 큰 믿음을 가지지는 않을 것입니다. 저도 저 자신을 잘 알기 때문에 하나님께서 저의 기도에 응답하신다고 믿으려면 저에게도 믿음이 필요합니다. 당신도 그렇게 생각한다면 바로 그것이 당신이 놓치고 있는 부분입니다. 당신은 죄에 민감하게 반응하면서 "내가 먼저 이 문제들을 극복해야 주님이 내 기도에 응답하실 거야."라고 생각하는 것입니다.

어느 날 한 여성이 저에게 와서 담배를 끊을 수 있게 기도해 달라고 부탁했습니다. 그녀는 부끄러워하며 눈물을 흘리고 있었습니다. 제가 이렇게 말했습니다. "담배를 피운다고 지옥에 가지는 않아요. 물론 냄새는 마치 지옥에 다녀온 것 같지만요. 그러나 하나님은 당신에게 화나지 않으셨어요. 물론 그리스도인이 담배를 피우는 것이 좋은 간증이 되지는 않습니다. 건강에도 해롭고요. 본인이 자유케 되지 못했는데 하나님께서 다른 이들을 자유케 하신다는 것을 어떻게 전하겠어요? 그런 방식은 좋을 것이 없어요." 저는 지금 흡연을 옹호하는 것이 아닙니다. 그 여성이 결국 흡연에서 자유케 되었는지 아닌지는 모르겠지만 정죄감에서 자유케 되었다는 것만은 확실합니다.

처음 유럽을 방문했을 때 일인데 그때 진정한 교훈을 얻었습니다. 그때까지 저는 엄격하고 율법적인 가정에서 자랐습니다. 우리 가족은 껌도 씹지 않았고 욕도 하지 않았으며 그런 사람들과는 어울리지도 않았습니다. 주일에는 잔디도 깎지 않았고 설거지도 하지 않았습니다. 주일을 마치 안식일처럼 지켰던 우리 가족에게 그런 것들은 '일'로 간주되었기 때문입니다. 정말이지, 우리 가족은 거룩하게 살려고 애를 많이 썼습니다.

제가 처음 오스트리아를 방문했을 때 정말 제 안의 율법적 사고방식을 뒤흔드는 경험을 하게 됐습니다. 그 교회에는 약 200명 가량의 사람들이 테이블에 둘러앉아 있었고 각 테이블에는 맥주가 놓여있었는데, 한 사람당 약 1,500cc의 맥주가 제공되어 있었습니다. 제가 말씀을 전하는 동안 그들은 그 맥주를 공짜로 마시고 있었기 때문에 아무리 길게 전해도 누구 하나 개의치 않았습니다. 아마 제가 밤새도록 말씀을 전했어도 아무 문제가 없었을 것입니다. 그때 저의 협소한 율법적 사고방식은 박살이 나고 있었고 그들은 술을 마시면서 하나님을 찬양하고 있었습니다.

**하나님은 우리를 정죄하지 않으신다**

오스트리아의 그리스도인들은 그렇게 맥주를 마셨지만 제가 속했던 율법적인 교회에서는 커피를 한 모금만 맛봐도 곧장 지옥에 간다고 가르쳤습니다. 그 교단에서는 그리스도인이 커피를 마신다는 사실 자체를 용납하지 않았습니다. 그런데 제가 오스트리아에서 헝가리에 도착했을 때, 헝가리 신자들은 맥주도 마시고 커피도 마셨습니다! 그런데 그들은 담배를 단 한 대라도 피우면 곧장 지옥에 간다고 믿고 있었습니다.

이 일을 계기로 저는 몇 가지를 깨달았습니다. 하나님은 미국인을 오스트리아인이나 헝가리인과 다르게 대하지 않으신다는 것을 알게 되었습니다. 곰곰이 생각해 보니 그런 것들 중 일부는 단지 인간의 해석이란 것을 알게 되었습니다. 물론 그렇다고 해서 우리가 술을 마시거나 담배를 피워야 한다는 말은 아니라는 것을 잘 아시리라 생각합니다.

모든 것이 내게 가하나 다 유익한 것이 아니요 모든 것이 내게
가하나 내가 무엇에든지 얽매이지 아니하리라

고린도전서 6:12

이런 것들은 우리의 건강을 해치고 좋은 간증이 되지도 않습니다. 제가 말씀드리는 것은 하나님께서 정죄하지 않으시는 일에 대해 우리가 스스로를 정죄해 왔다는 것입니다.

## 14장
# 견고하고 흔들림 없는 관계

이는 우리 마음이 혹 우리를 책망할 일이 있어도 하나님은
우리 마음보다 크시고 모든 것을 아시기 때문이라

요한일서 3:20

하나님은 우리를 정죄하지 않으시는데도 우리는 정죄감을 느끼기도 합니다. 많은 사람들이 이렇게 말합니다. "하나님께서 자꾸 이 죄에 대해 저를 다그치고 괴롭게 하십니다." 아닙니다. 그것은 단지 종교적인 사고방식일 뿐입니다. 제가 처음으로 수요예배를 빠졌던 것은 당시 여자친구가 저를 집으로 초대했었기 때문이었습니다. 교회를 빠지는 것이 내키지 않았지만 결국 그녀의 집으로 갔습니다. 도착해 보니 두 커플이 이미 와 있었고 그들은 춤을 추고 있었습니다! 제 평생 처음으로 예배를 빠진 것만으로도 이미 최악이었는데 사람들이 춤추는 모습에 더욱 충격을 받았습니다. 저는

너무나도 심하게 정죄감에 빠진 나머지 주께서 저를 죽이실 거라 생각했습니다.

그때 저는 고등학교 1학년으로 운전을 하지 못했기에 형에게 전화를 걸어 데리러 와 달라고 부탁했습니다. 저는 예배가 끝나기 전에 교회에 도착해 있었고 제단 앞에서 무릎을 꿇고 주님께 제발 저를 죽이지 말아 달라고 용서를 구하고 있었습니다. 저는 사람들이 춤추는 장소에 갔다는 이유로 며칠 동안 더럽혀졌다고 느꼈습니다. 그러나 저를 정죄한 분은 하나님이 아니었습니다. 그것은 전적으로 제 안에 있던 종교적 생각 때문이었습니다.

자신이 겪는 정죄감에 대해 사단을 탓할 수도 없는 그리스도인들이 많습니다. 사단이 한 일이라고는 그들에게 잘못된 것을 가르친 것뿐인데 그들이 그것을 너무나 잘 실행하고 있어서 사단은 그 이후로 휴가를 갔는지도 모릅니다. 마귀는 이제 우리를 굳이 정죄할 필요도 없습니다. 우리가 스스로를 파괴하는 데 아주 능숙하기 때문입니다.

하나님은 당신에게 화가 나 있지 않으십니다. 심지어 기분이 나쁘지도 않으십니다. 하나님은 당신을 사랑하십니다. 그분은 당신의 영을 보시며 이렇게 말씀하십니다. "너는 참으로 놀랍구나." 하나님은 당신의 가능성을 보십니다. 그리고 당신 안에 넣어 놓으신 자신의 영광을 보십니다.

## 어리석은 기도

하나님께서도 혼란스러워하실 수 있다면 우리의 어리석은 기도 때문에 혼란스러워하지 않으시겠습니까? "주여, 주의 성령을 거두지 마옵소서." 하나님은 아마 이렇게 생각하실지도 모릅니다. "어디 보자, 내 책 어딘가에서 '내가 결코 너희를 버리지 아니하고 너희를 떠나지 아니하리라'라고 약속하지 않았었나?"(히 13:5) "아버지, 이 밤에 우리가 예배로 모일 때 이곳에 우리와 함께해 주시옵소서." 이런 기도는 얼마나 어리석습니까? "두세 사람이 내 이름으로 모인 곳에는 나도 그들 중에 있느니라"고 하신 마태복음 18장 20절의 말씀을 생각할 때 어떻게 하나님께서 이런 기도에 응답하실 수 있겠습니까? "하나님, 이 시간 우리를 찾아와 주시옵소서!" 주님은 방문객이 아니십니다. 그분은 우리 안에 영원히 거하십니다. 방문객은 일시적으로 머물다 곧 떠나는 존재입니다. 하루나 일주일 머무를 수는 있어도 그곳에 거하는 존재는 아닙니다. 그러니 주님께 우리를 떠나지 말아 달라고 기도하는 것은 얼마나 잘못된 개념입니까. 하나님은 항상 우리와 함께하십니다(마 28:20). 그분은 우리를 결코 떠나지도, 버리지도 않으십니다.

우리가 어리석은 기도를 하는 이유는 이미 이루어졌다는 사실을 이해하지 못하기 때문입니다. 우리의 영 안에는 하나님께서 주실 수 있는 모든 것이 이미 주어져 있습니다. 우리는 하나님께

"주의 손을 펴서 우리를 만져 주십시오"라고 구할 필요가 없습니다. 하나님은 이미 그분 자신을 우리 안에 두셨으며 그리스도를 죽은 자 가운데서 살리신 동일한 능력이 이미 우리 안에 거하고 있습니다(롬 8:11, 엡 1:19-20). 우리는 하나님을 더 많이 구할 필요가 없습니다. 다만 우리가 무엇을 가졌는지를 알아야 합니다. 그리고 그리스도 예수 안에서 우리 안에 있는 선한 것을 인식할 때 우리의 믿음은 역사하기 시작할 것입니다(몬 1:6).

하나님은 예수 그리스도의 죽으심과 장사되심, 부활을 통해 이미 모든 일을 이루어 놓으셨습니다. 우리가 기도하고 구하는 모든 것들은 이미 우리에게 주어져 있으며 그 일은 완성되었습니다. "저의 이 죄를 용서하여 주시옵소서."라고 애원하고 계십니까? 그러나 진리는 우리가 구하기도 전에 하나님께서 이미 용서해 주셨다는 것입니다.

"그러면 회개할 필요가 없다는 말씀이세요?" '회개하다' 라는 단어는 '돌이켜 반대 방향으로 가다' 라는 뜻입니다. 그렇기 때문에 우리는 반드시 회개해야 합니다. 돌이켜 다른 방향으로 가야 합니다. 계속해서 죄 가운데 거한다면 사단이 우리를 완전히 삼켜 버릴 것이고 남김없이 짓밟아 버릴 것입니다. 우리의 삶에 들어올 수 있는 문을 사단에게 열어 줄 필요는 없으며 죄 가운데 사는 것은 결코 지혜로운 일도 아닙니다. 그렇기 때문에 회개하고 죄에서 돌이켜야 합니다. 그러나 그 회개의 목적은 무엇입니까? 하나님께서 우리를 받아 주시게 하기 위해서입니까 아니면 우리가 죄를 지을 때마다 구원을 잃고 지옥에 갈 거라 생각하기 때문입니까? 그런 식으로 믿는다면 어떻게 성장하고 전진해 갈 수 있겠습니까?

전혀 죄를 짓지 않고 살 수 있는 사람은 없습니다. 마땅히 되어야 할 모습에 이르지 못했기 때문입니다. 만약 어떤 아이가 자라지는 못하고 매일 다시 태어나야만 한다면 어떻겠습니까? 매일 아침 갓난아기로 다시 시작해야 한다면 그러한 삶에는 아무런 진전이 없을 것입니다.

우리의 삶도 마찬가지입니다. 영적으로 거듭난 후에 계속해서 또다시 거듭날 필요가 없습니다. 거듭난 후에 다시 거듭나는 일은 존재하지 않습니다. 죄를 지을 때마다 구원을 잃는 것도 아닙니다. 우리가 실수했다고 해서 하나님께서 깜짝 놀라 보좌에서 떨어지시는 일은 없습니다. 하나님께서는 그런 일이 일어날 것을 아셨고 미리 처리해 놓으셨습니다.

**나는 여전히 너를 사랑한다**

저의 여동생은 그리스도인입니다. 그녀는 하나님께서 자신을 통해 죽은 사람을 살리신 일을 직접 경험한 적이 있고 또 마음을 다해 하나님을 사랑하는 사람입니다. 그런데 그 동생의 딸이 십대였을 때 반항이 매우 심했고 사람의 신경을 건드리는 데 아주 능숙했습니다. 어느 날 동생은 대학교수인 남편이 손님을 데려올 예정이라 저녁 식사를 준비하고 있었습니다. 그때 조카가 부엌에 와서 건방지게 말대꾸하며 동생을 계속 자극했습니다. 동생은 애써 아무렇지 않게 준비에 집중하려 했지만 마침내 조카의 한마디에 자제심을 잃고 결국 조카의 뺨을 때렸습니다. 조카는 갑작스러운 충격에 그대로 부엌 바닥에 나가떨어졌습니다!

여동생은 그 순간 하던 일을 모두 내려놓고 위층으로 달려가 침대 위에 엎드렸습니다. "하나님, 도와주세요. 여기서 제 눈물이 터지면 아침까지 이 방을 못 나갈지도 몰라요. 하지만 저는 저녁을 준비해야 하고 이 상황도 수습해야 합니다. 주님, 저는 주님의 말씀이 필요해요. 도와주세요!"

그러자 하나님께서 그녀의 마음에 말씀해 주셨습니다. "네가 여덟 살 때 나에게 구원해 달라고 했을 때 나는 이런 일이 일어날 것을 알고 있었고 이미 너를 용서했으니 괜찮다. 나는 여전히 너를 사랑한다." 그 말씀은 그녀로 하여금 그 상황을 처리할 수 있게 해 주었고 죄가 그녀를 지배하지 못하도록 막아 주었습니다. 그 결과 동생은 다시 일어나 아래층으로 내려갈 수 있었습니다. 주님의 그 말씀이 동생으로 하여금 "난 어차피 용서받았어."라고 하면서 계속해서 딸을 때리게 했을까요? 아닙니다. 그녀는 아래층으로 내려가 딸에게 용서를 구했고 그날 저녁 손님 대접을 마무리할 수 있었습니다. 여동생이 그 일을 담담히 넘길 수 있었던 것은 '내가 주님께 갑작스러운 잘못을 저질렀으니 그분을 달래야 한다'고 생각하지 않았기 때문입니다. 하나님은 이미 그 일을 아셨고 이미 용서하셨습니다.

우리가 저지른 이런 일들 때문에 고통스럽게 괴로워할 필요는 전혀 없습니다. 먼저 고통을 겪고 일정 기간 고행을 한 뒤에야 마침내 회개할 자격이 생긴다고 생각할 이유도 없습니다. "하나님은 나 같은 사람을 사랑하실 수 없어. 이번엔 정말 크게 잘못했으니까!" 하나님은 그런 방식으로 보지 않으십니다. 그분은 이미 우리의 죗값을 치르셨습니다. 예수님께서 우리를 대신하여 그 죄로 인해 고난당하시는 것을 보시고 하나님은 만족하셨습니다. 우리가 저지른 모든 죄에 대해 예수님께서 값을 치르셨습니다. 하나님 아버지는 우리의 죄에 대해 그분의 아들을 징벌하시고 버리셨으며 분노와 거절을 그에게 퍼부으셨습니다. 아들이 이미 지불한 값을 하나님께서 우리에게 다시 요구하실 일은 없습니다. 지불해야 할 것은 아무것도 남아 있지 않습니다! 예수님께서 이루신 일에 우리가 더할 수 있는 것은 없습니다. 진흙탕에서 뒹굴며 아무리 괴로워해도 그것이 하나님으로 하여금 우리를 더 사랑하시게 만들지는 못합니다.

하나님께서 우리를 사랑하시는 것은 우리의 선함 때문이 아니라 그리스도의 선하심과 그분이 우리를 위해 하신 일 때문입니다. 그렇기 때문에 우리는 하나님과의 관계를 '자신의 선함과 행위를 기반으로 한 관계'에서 '예수님께서 우리를 위해 하신 일에 대한 믿음을 기반으로 하는 관계'로 바꾸어야 합니다. 그렇게 할 때 우리는 예수님께서 어제나 오늘이나 영원토록 동일하신 분이라는 사실을 알게 될 것입니다(히 13:8). 그분은 변치 않으시기 때문에 주님과의 관계는 흔들림 없이 견고해질 것입니다. 이로써 기복을 겪는 신앙생활에서 벗어나게 되고 하나님께 버림받았다고 느끼며 수렁과 골짜기를 헤매는 일도 없게 될 것입니다.

## 죽은 자 가운데서 살아나다

하나님께서 저에게 이 진리를 처음 보여주신 이후로 지금까지 35년이 넘도록 저는 단 한 번도 우울함에 빠진 적이 없습니다. 물론 저를 우울하게 할 만한 일들은 있었고 저 역시 우울함에 빠지고 싶은 유혹을 받은 적도 있습니다. 그러나 저는 하나님께서 저를 사랑하신다는 사실을 알고 있습니다. 저의 영 안에는 사랑과 기쁨, 화평과 오래 참음 같은 성령의 모든 열매가 있습니다(갈 5:22-23). 그로 인해 그런 우울한 일들을 거부하고 물리칠 수 있었고 기쁨이 있는 삶, 흔들림 없이 안정된 삶을 살고 있습니다.

제 아들이 죽었다는 소식을 들었을 때도 마찬가지였습니다. 저 역시 여느 아버지처럼 자기연민과 두려움, 고통과 슬픔에 빠질 유혹을 받았습니다. 그러나 저는 그러고 싶지 않았습니다. 그래서 단호히 결심했습니다. "나는 이 일로 슬퍼하지 않겠다. 낙심하지 않겠다. 슬픔에 굴복하지 않고 하나님을 찬양하고 경배할 테다."

그러자 제 안에서 믿음이 솟구쳐 올라왔습니다. 저는 아내에게 말했습니다. "두고 보세요. 이건 정말 놀라운 기적이 될 거예요!" 죽은 지 거의 다섯 시간이 지나 몸은 까맣게 변하고 발에 신원 확인표가 붙은 채 병원 시체 안치실에 누워 있던 아들을 하나님께서 다시 살리셨습니다. 지금 그는 살아 있고 건강하게 잘 지내고 있습니다!

저는 제가 그리스도 안에서 새로운 피조물이라는 사실을 발견했고 제 육신 안에서 느껴지는 감정이 저를 지배하도록 두지 않기로 결정했습니다. 낙심하고 절망하는 사람들은 대부분 육신 안에 살면서 눈에 보이는 현실만 바라보고 있고 그리스도 안에서 자신이 누구인지 알지 못하는 사람들입니다. 그러나 자신이 그리스도 안에서 누구인지 알고 우리의 죄가 용서받았다는 사실을 안다면 우리에게 일어날 수 있는 최악의 일은 죽는 것뿐이며 설령 그렇다 해도 우리는 곧바로 하나님의 임재 가운데로 들어가게 됩니다. 그렇게 된다면 우리는 순금으로 된 거리 위를 걷게 될 것이고 영원히 살게 될 저택을 유업으로 받게 될 것입니다. 또한 우리를 사랑하시고 우리를 위해 죽으신 그분을 직접 만나게 될 것입니다. 이 얼마나 놀라운 일입니까!

그러니 우리는 낙심할 이유가 전혀 없습니다. 설령 의사에게서 죽을 거라는 진단을 받는다 해도 이렇게 말하면 됩니다. "정말 멋지네요! 저는 치유를 믿기에 하나님께서 저를 치유하실 거라 믿습니다. 그러나 치유되지 않는다 해도 주님의 임재 안에 거하는 것만으로도 참으로 놀라운 일입니다. '내게 사는 것이 그리스도니 죽는 것도 유익함이라' (빌 1:21)는 말씀 그대로네요."

이것은 제가 설교자라 드리는 말씀이 아닙니다. 저는 실제 그렇게 살고 있고 당신도 그렇게 살 수 있습니다. 하나님은 놀라운 분이십니다. 하나님은 우리에게 좋은 분이신데 우리가 그것을 감사해하며 받아누리지 못하는 이유는 우리 안에 있는 종교적 속박 때문입니다.

## 무너지지 않을 수 있다

> 내 백성이 지식이 없으므로 망하는도다         호세아 4:6

제가 나누고 있는 이 진리들을 취해 묵상해 보십시오. 하나님은 이 말씀들을 우리 삶 가운데서 강력하게 사용하길 원하십니다.

우리 삶에 더 이상 감정의 기복이 있어야 할 필요가 없습니다. 예수님 안으로 들어가 우리의 삶을 예수님께서 하신 일 위에 둔다면 그리고 사단이 우리가 이미 구속받은 죄 아래로 우리를 다시 끌고 가도록 허용하지 않는다면 어떤 것도, 정말 그 어떤 것도 우리를 무너뜨릴 수 없을 것이며 우리의 믿음은 하늘을 찌를 듯 솟아오를 것입니다!

15장

# '요한일서 1장 9절'은 어떻게 이해해야 하는가

이쯤 되면 이런 의문이 생길 수 있습니다. '거듭난 우리 영이 영원히 거룩하게 되었고 영원히 온전해졌다면(히 10:10, 10:14, 12:23) 왜 여전히 죄를 고백해야 하는가? 하나님이 영이시고 (요 4:24) 우리를 영 안에서 대하신다면 요한일서 1장 9절은 어떻게 이해해야 하나?'

> 만일 우리가 우리 죄를 자백하면 그는 미쁘시고 의로우사 우리 죄를 사하시며 우리를 모든 불의에서 깨끗하게 하실 것이요
> 요한일서 1:9

이 질문들에 답하기 전에 먼저 몇 가지 사실을 분명히 하고자 합니다.

제가 아는 한 신약성경 전체에서 우리가 죄를 자백해야 하나님께서 그것을 용서하신다고 하는 구절은 요한일서 1장 9절이 유일합니다. 신약에는 우리의 죄가 용서되었다고 선언하는 많은 구절들이 있으며 이 책에서도 우리는 이미 여러 곳을 살펴보았습니다. 무엇보다 제가 아는 한 용서의 조건으로 죄 자백을 명시한 구절은 이것이 유일하며 이 사실은 결정적인 의미를 갖습니다.

마태복음 18장 16절에서 예수님은 신명기 17장 6절과 19장 15절을 인용하시며 "두세 증인의 입으로 말마다 확증하게 하라"고 말씀하셨습니다. 이것으로 '어떤 교리든 최소 두세 개의 성경 구절에 의해 뒷받침되어야 한다'는 원칙이 세워집니다. '죄를 자백하지 않으면 용서받지 못한다'는 믿음은 이렇듯 신약의 다른 어떤 구절로도 뒷받침되지 않음에도 교회 안에서 주요 교리로 자리 잡고 있습니다.

**예수님의 피**

죄를 회개하고 용서를 구한 뒤에야 하나님께서 용서하신다는 개념은 구약에서 비롯된 것입니다. 레위기 26장 40-42절, 열왕기상 8장 47절, 역대하 6장 37-38절, 7장 14절, 느헤미야 1장 6절, 9장 2절을 비롯한 많은 성경 구절들이 용서를 받기 위한 조건으로 죄의 자백과 회개를 규정하고 있습니다. 또한 세례 요한이 광야에서 회개의 세례를 선포했을 때 그는 여전히 구약의 체계 아래에 있던 설교자였습니다(눅 16:16).

그는 하나님의 나라가 가까이 왔다고 선포했지만 거듭남과 '그리스도 안'의 실제들은 예수님의 부활 이후에야 실현되었습니다. 그래서 요한은 죄 사함을 위한 회개의 세례를 전파했던 것입니다(막 1:4, 눅 3:3). 그러나 예수님께서는 이렇게 말씀하셨습니다.

> 이것은 죄 사함을 얻게 하려고 많은 사람을 위하여 흘리는 바 나의 피 곧 언약의 피니라          마태복음 26:28

신약에서는 죄 사함이 '예수님의 피로 이루신 속죄를 믿는 믿음'을 통해 이루어집니다(롬 3:25, 엡 1:7, 골 1:14, 히 9:22). 죄에서 돌이키는turning from 행위 자체는 더 이상 우리를 구원할 수 없고 그리스도께서 우리를 위해 하신 일을 믿음으로 그분께 나아가는turning to 것이 구원의 길입니다. 사도행전 16장 30절에서 빌립보 간수가 바울에게 이렇게 물었습니다. "내가 무엇을 해야 구원을 받겠습니까?" 그러자 바울은 그가 그동안 어떤 일들을 했는지 묻지 않았습니다. 그가 무슨 일을 저질렀는지는 중요하지 않았습니다. 그것에 대한 모든 값은 이미 치러졌기 때문입니다(요 16:8-9, 요일 2:2). 그의 모든 죄, 곧 과거와 현재, 심지어 미래의 죄까지도 이미 용서되었습니다. 그가 해야 할 일은 오직 예수님께서 자신을 위해 이미 이루어 놓으신 일을 받아들이는 것뿐이었습니다. 그래서 바울은 이렇게 대답했습니다.

> 주 예수를 믿으라 그리하면 너와 네 집이 구원을 받으리라
> 하고                                          사도행전 16:31

## 그리스도를 믿는 믿음

신약시대에는 예수님께서 이미 이루어 놓으신 구원을 받고자 할 때, 우리는 죄를 고백함으로써가 아니라 그리스도를 믿는 믿음을 고백함으로 받게 됩니다. 로마서 10장에서 분명히 말해 줍니다.

> 네가 만일 네 입으로 예수를 주로 시인하며 또 하나님께서 그를 죽은 자 가운데서 살리신 것을 네 마음에 믿으면 구원을 받으리라 사람이 마음으로 믿어 의에 이르고 입으로 시인하여 구원에 이르느니라                    로마서 10:9-10

저는 회개가 신약의 교리가 아니라고 말하는 것이 아닙니다. 신약성경에는 회개를 강조하는 구절들이 많습니다(행 20:21, 26:20, 롬 2:4, 고후 7:10). 실제로 회개와 죄 사함이 함께 언급된 구절도 있습니다.

> 또 그의 이름으로 죄 사함을 받게 하는 회개가 예루살렘에서
> 시작하여 모든 족속에게 전파될 것이 기록되었으니
> 
> 누가복음 24:47

그러나 회개와 하나님께 대한 믿음을 전파하는 것(행 20:21, 히 6:1)과 구약의 선지자들과 세례 요한이 전했던 죄 사함을 위한 회개는 서로 다릅니다.

## 끊임없이 씻김을 받는다는 것

질문 하나 드려 보겠습니다. 요한일서 1장 9절을 전통적인 방식대로 해석하여 죄를 고백해야만 용서를 받을 수 있다고 생각한다면 고백하지 않은 죄는 용서받지 못한 것입니까? 그렇다면 예수님을 주님으로 영접했지만 모든 죄를 다 고백하지 않은 그리스도인은 어떻게 되는 것입니까? 이 질문이 제기하는 문제가 얼마나 심각한지 아실 수 있을 것입니다. 사실 우리는 자신이 어떤 죄를 짓고 있는지 전부 알지 못합니다. 죄란 단지 잘못된 행동만이 아니라 마땅히 해야 할 줄 알면서도 하지 않은 것까지 포함됩니다(약 4:17). 믿음으로 하지 않는 것은 모두 죄입니다(롬 14:23).

우리는 하나님께서 원하시는 모습에 계속 미치지 못합니다. 그것이 타락한 인간의 본성이며 구원받은 그리스도인이라 해도

예외는 아닙니다. 요한일서 1장 9절의 문맥은 바로 이 문제를 다루고 있습니다. 요한일서 1장은 이렇게 말합니다.

> 그가 빛 가운데 계신 것같이 우리도 빛 가운데 행하면 우리가 서로 사귐이 있고 그 아들 예수의 피가 우리를 모든 죄에서 깨끗하게 하실 것이요. 　　　　　　　요한일서 1:7

여기서 '깨끗하게 하신다'는 말은 헬라어 카타리조 katharizo 에서 온 표현입니다. 프리츠 라이네커는 『헬라어 신약성서 언어주해』에서 이 단어를 다음과 같이 설명합니다. "이 동사는 하나님께서 단순히 용서하시는 것을 넘어 죄의 흔적 자체를 지워 주시는 행위를 뜻하며, 현재형으로 쓰였다는 것은 그 행위가 지속적이라는 것을 나타낸다." 우리가 받은 빛 가운데 행할 때, 예수님의 피는 무지나 태만에서 비롯된 모든 죄로부터 우리를 끊임없이 깨끗하게 하십니다. 이것은 참으로 놀라운 진리입니다!

　이것이 궁금하실 수도 있습니다. "그러면 내가 잘못이라는 걸 알면서도 죄를 지었을 때는 어떻게 해야 하나요? 그런 죄는 반드시 용서를 구해야 하지 않나요?" 맞습니다. 하지만 이 부분은 좀 더 분명히 이해할 필요가 있습니다. 우리는 앞서 우리의 영이 거듭났다는 사실을 살펴보았습니다(고후 5:17). 거듭난 우리의 영 안에는 죄가 없습니다(엡 4:24). 우리는 예수님처럼 의롭고 거룩하며 깨끗합니다(요일 4:17, 고전 6:17). 우리가 그 순결한 영을 받은 순간 성령으로 인치심을 받았으며 그로 인해 우리가 죄를 짓더라도 그 죄는 우리의 영에 닿지 못합니다(엡 1:13). 우리의 영은 이미 거룩하게 되었고 영원히 온전하게 되었습니다(히 10:10, 14, 12:23). 하나님은 영이시며 우리는 거듭난 영을 통해 그분을 예배합니다(요 4:24). 그렇기 때문에 하나님과의 관계와 교제는 외적인 행동이 아니라 우리 내면의 마음 상태에 달려 있습니다.

**사단에게 굴복하는 것**

그러나 우리가 알고도 짓는 죄는 매번 우리를 사단에게 굴복하는 자리에 놓이게 합니다.

> 너희 자신을 종으로 내주어 누구에게 순종하든지 그 순종함을 받는 자의 종이 되는 줄을 너희가 알지 못하느냐 혹은 죄의 종으로 사망에 이르고 혹은 순종의 종으로 의에 이르느니라
>
> 로마서 6:16

우리가 죄인 줄 알면서도 그것을 선택할 때마다 우리는 그 죄의 배후에 있는 사단에게 굴복하는 것입니다. 그렇게 함으로써 우리는 스스로를 그의 권세 아래에 두게 됩니다. 이것이 구원을 잃는다는 뜻은 아닙니다. 그러나 그것은 우리의 삶 속에 사단이

자기 뜻을 이루도록 틈을 열어 주는 결과를 낳습니다. 예수님께서는 사단이 하려는 일이 무엇인지 분명히 알려주셨습니다.

> 도둑이 오는 것은 도둑질하고 죽이고 멸망시키려는 것뿐이요
> 요한복음 10:10

사단은 모든 도둑질의 근원이며 모든 약탈의 아비입니다. 그렇기 때문에 우리가 하나님의 뜻을 의도적으로 거스르면서 사단에게 자리를 내어주면 마귀의 파괴적인 영향력이 우리의 삶 안으로 들어오게 됩니다. 이 문제를 어떻게 해결할 수 있을까요? 요한일서 1장 9절이 바로 그 부분을 설명하고 있습니다.

## 문을 닫으라

요한일서 1장 9절은 우리의 영을 깨끗하게 하려는 목적의 말씀이 아닙니다. 거듭난 우리의 영 안에는 이미 영원한 구속과 유업이 주어져 있습니다(히 9:12, 15). 그러나 우리의 혼과 몸은 인쳐져 있지 않기 때문에 죄는 우리의 혼과 몸을 사단의 권세 아래에 노출시킵니다. 그렇다면 우리는 이 상황을 어떻게 되돌릴 수 있을까요? 우리가 우리 삶에 고통을 가할 수 있는 법적 권리를 사단에게 넘겨주었을 때 그 권리를 어떻게 철회할 수 있을까요? 그 방법은

우리가 알고 있는 죄들을 자백하는 것입니다. 그러면 이미 거듭난 우리의 영 안에 실제로 존재하는 용서가 육신의 영역으로 흘러나와 원수를 몰아냅니다. 그리스도 예수 안에 있는 생명의 성령의 법이 죄와 사망의 법에서 우리를 해방시키는 것입니다(롬 8:2).

저는 제가 죄를 지었다는 것을 깨달으면 즉시 회개하고 주님께 용서를 구합니다. 그 죄가 주님과 저 사이를 막았다고 생각해서 그러는 것은 아닙니다. 하나님은 영이시기 때문에 저를 그리스도 안에 있는 존재로 보시고 그렇게 대하십니다. 하나님의 사랑 역시 저의 행위에 따라 달라지지 않습니다. 저는 영원히 구속받은 존재입니다(히 9:12). 그러나 저의 육신, 즉 몸과 혼은 그 죄를 통해 사단에게 굴복했기 때문에 그것을 자백하는 것입니다.

요한일서 1장 9절에서 '자백하다'로 번역된 헬라어 호몰로게오homologeo는 문자 그대로 '같은 말을 하다'라는 뜻입니다. 그리스도인이 자신의 죄를 자백한다는 것은 그 죄가 잘못되었다는 사실에 대해 하나님과 같은 말을 하고 있다는 뜻입니다. 우리는 주님과 다시 동의하는 자리에 서서 사단에게서 등을 돌리는 것입니다. 이것이 사단에게 열린 문을 닫고 그의 역사를 멈추게 하는 방법입니다.

그래서 저는 그리스도인들이 자신의 죄에 대해 회개하고 용서를 구하는 것이 필요하다고 믿습니다. 그러나 이것은 하나님과의 관계가 아니라 마귀와의 관계에 영향을 미친다는 것을 반드시 이해해야 합니다.

## 그리스도 안에서 온전함

우리가 주님과의 관계나 교제를 우리가 인식한 모든 죄를 자백하는 데에만 의존한다면 자백하지 못했거나 돌이키지 않은 죄들이 필연적으로 남게 될 것입니다. 그렇게 되면 종교가 끊임없이 강조해 온 것처럼 하나님과의 관계와 교제가 죄 때문에 끊어졌다고 느끼게 되는 잘못된 신념에 빠지게 됩니다. 어쩌면 지금 우리 삶에 일어난 이 상황도 바로 그 잘못된 신념에서 비롯된 것일 수 있습니다. 하나님께서 살아 계시다는 것은 우리도 알고 있습니다. 그것에 대해 의심하지는 않습니다. 또한 하나님께는 우리 삶에 역사하실 능력이 있으시다는 것도 알고 있고 그 사실도 의심하지 않습니다. 다만 우리를 위해 기꺼이 움직이실 것인지, 그것을 의심하는 것입니다. 왜냐하면 자신이 자격 없다고 느끼기 때문입니다. 우리 죄가 하나님과 우리 사이를 갈라놓았다고 믿고 있기 때문인데(사 59:1-2) 그러나 그것은 신약의 믿는 자에게는 해당되지 않는 말입니다(롬 8:35-39).

믿는 자에게 죄가 하는 일은 사단에게 들어올 수 있는 문을 여는 것입니다. 그것만으로도 충분히 심각한 일입니다. 그러므로 우리는 가능한 한 죄를 짓지 않는 것이 최선입니다. 그러나 혹 죄를 짓게 되었을 때에도 그것이 하나님의 사랑에서 우리를 분리시킨 것은 아니라는 사실을 인식해야 합니다. 하나님은 여전히 우리를 그리스도 안에서 온전한 존재로 보고 계시며 우리에게 주어진 모든 권리와 특권은 여전히 유효합니다. 그러나 우리가 죄를 지을 때 사단이 우리 삶에 개입할 수 있는 문이 열리고 우리는 어려움을 겪게 됩니다. 그래서 저는 요한일서 1장 9절과 그 말씀이 계시해 주는 진리에 대해 하나님께 감사드립니다. 죄를 지었을 때는 즉시 회개하고 그 죄를 자백함으로써 이미 우리의 영 안에 거하고 있는 용서가 우리의 육신의 영역에 나타나게 해야 합니다. 그럴 때 사단이 우리 삶에서 자기 뜻대로 역사하지 못하게 됩니다.

16장

# 하나님의 참 본성

하나님의 은혜를 처음 깨닫게 되었을 때 저에게는 여전히 많은 질문이 있었습니다. 예수님께서 저의 모든 죗값을 이미 지불하셨고 하나님께서 더 이상 저에게 진노하지 않으신다는 사실을 깨닫게 되었습니다. 하나님께서 사람들의 죄를 그들에게 돌리지 않으신다는 진리를 계시로 받았으며 그분의 무조건적인 사랑을 실제로 경험했습니다. 하나님께서 저를 사랑하시는 것은 저의 공로나 저 자신이 어떤 사람인가와는 전혀 상관없는 일이며 전적으로 하나님이 어떤 분이신가에 달려 있다는 것을 알게 되었습니다. 하나님은 긍휼이 풍성하신 분이시라는 것도 알고 있었습니다. 그러나 말씀을 공부하던 중 이와는 상반되어 보이는 내용들이 성경 안에 있다는 사실을 발견하게 되었습니다.

예를 들어 아하시아 왕은 병이 든 후 자신이 살아날 수 있을지를 알아보기 위해 바알세붑에게 사람들을 보냈습니다. 이에 엘리야가 그들을 가로막고 왕이 하나님이 아니라 바알세붑에게 물었기 때문에 반드시 죽게 될 것이라고 전하라고 했습니다. 그러자 왕은 분노하여 군대 장관과 오십 명의 군사를 보내 엘리야를 잡아오게 했습니다.

> 보라, 엘리야가 산꼭대기에 앉았으므로 그가 엘리야에게 이르되, 하나님의 사람이여, 왕께서, 내려오라, 하셨나이다, 하니 엘리야가 오십인 대장에게 응답하여 이르되, 내가 만일 하나님의 사람이면 불이 하늘에서 내려와 너와 네 부하 오십 명을 사를지로다, 하매 불이 하늘에서 내려와 그와 그의 부하 오십 명을 살랐더라.　　열왕기하 1:9-10, 킹제임스 흠정역

그래서 왕은 또 다른 군대 장관과 오십 명의 군사를 보냈습니다. 이 군대 장관이 엘리야에게 나아가 말했습니다.

> 하나님의 사람이여 왕의 말씀이 속히 내려오라 하셨나이다
> 　　　　　　　　　　　　　　　　　열왕기하 1:11

엘리야는 첫 번째 때와 같은 답을 했고 하나님의 불이 내려와 다시 그 오십일 명 모두를 삼켜 버렸습니다(12절). 이렇게 해서 죽은 사람이 모두 102명이었습니다!

**우리를 불쌍히 여기소서!**

마침내 왕이 세 번째로 보낸 군대 장관은 상황을 분별할 줄 아는 사람이었습니다. 그는 엘리야 앞에 무릎을 꿇고 이렇게 말했습니다. "우리를 불쌍히 여겨 주십시오! 우리는 단지 왕의 명령을 따랐을 뿐입니다."(13절)

그때 여호와께서 엘리야에게 말씀하셨습니다. "그들과 함께 가라. 내가 너를 보호하겠다."(왕하 1:15) 엘리야는 왕에게 나아가 앞서 전한 메시지를 다시 전했고 모든 일이 평안하게 마무리되었습니다.

이 장면을 보면 엘리야는 꼭 그 102명을 죽이지 않아도 되었다는 것을 알 수 있습니다. 그렇게까지 할 필요는 없었던 것입니다. 그런데도 오늘날 많은 사람들이 이런 장면을 흉내 내려 합니다. "나는 선지자로 부름받았다. 지옥불과 심판을 선포하는 선지자다. 모세가 하나님의 심판을 선포해 땅이 열려 250명을 삼켰던 것처럼 나도 그렇게 선포할 것이다."(민 16:28-33) 지금도 이런 방식으로 행동하려는 사람들이 있습니다.

이렇듯 성경에는 마치 '전쟁이 아직 끝나지 않은 것처럼' 보이는 장면들이 분명히 존재합니다. 그러나 더 깊이 살펴보면 하나님께서 이제 우리와 참된 평화의 관계를 맺고 계시다는 사실이 분명하게 드러납니다.

예수님이 제자들과 함께 길을 가실 때 사마리아 사람들은 예수님을 영접하지 않았습니다. 예수님께서 예루살렘으로 향하고 계신다는 사실을 알고 있었기 때문입니다(눅 9:51-53). 예루살렘에 있는 유대인들은 사마리아인들을 경멸했습니다. 그들이 혼혈 민족이었고 참된 하나님 예배를 더럽혔다고 여겼기 때문입니다. 사실 사마리아 사람들 중에는 이전에 예수님을 받아들인 이들도 있었습니다. 수가 성 전체가 우물가의 여인을 통해 예수님을 믿게 되었던 것입니다(요 4:1-42). 그런데 이번에는 예수님께서 예루살렘으로 가셔서 그 위선적인 유대인들과 함께 예배드리려 하신다는 사실을 알고는 자기들의 마을에 들어오시지도 못하게 했습니다. 인류 역사상 가장 강력한 두 가지 편견, 곧 인종적 편견과 종교적 편견 때문에 그들은 그리스도를 철저히 무시하고 거절한 것입니다.

**차이점**

'우레의 아들'로 알려진 야고보와 요한은 사마리아 사람들이 예수님을 거절하는 모습을 보고 엘리야처럼 행동하고 싶어 했습니다. "주여, 우리가 엘리야가 했던 것처럼 하늘에서 불을 내려 달라고 구할까요?"(눅 9:54) 그들은 구약시대의 유명한 선지자를 본받고 싶었던 것입니다. 그런데 무엇이 문제였을까요? 예수님께서 몸을 돌이켜 그들을 꾸짖으셨습니다.

너희가 어떤 영에 속해 있는지 너희가 알지 못하는도다. 사람의 아들은 사람들의 생명을 멸하러 오지 아니하고 구원하러 왔느니라, 하시니라.    누가복음 9:55-56, 킹제임스 흠정역

예수님께서는 제자들이 엘리야처럼 하늘에서 불을 내리자고 한 것을 책망하셨습니다. 만일 예수님께서 육신을 입고 이 땅에서 사역하시던 때가 엘리야 시대였다면 엘리야가 하늘에서 불을 내리게 한 그 일 역시 꾸짖으셨을 것입니다. 그것은 결코 하나님의 최선이 아니었고 하나님의 참된 본성을 나타내는 행동도 아니었습니다. 다만 구약 언약 아래에서는 그런 방식이 허용되었을 뿐입니다.

하나님께서 구약시대에 사람들을 다루셨던 방식과 신약시대에 우리를 다루시는 방식에는 분명한 차이점이 있습니다. 우리가 구약시대 사람들처럼 행동하면서 하나님께 나아가려고 한다면 하나님의 진노를 느끼게 되는 것은 당연한 일입니다. 우리의 삶에 죄가 있어서 하나님께서 우리를 심판하시고 자신에게서 분리하실 것이라는 두려움에 사로잡히게 되는 것입니다. 그런 일들은 구약시대에 일어났던 일들입니다.

이 둘을 어떻게 조화시킬 수 있을까요? 하나님은 이중적인 분일까요? 구약의 하나님이 신약에서 회심이라도 한 것처럼 생각을 바꾸어 전혀 다른 분이 되신 걸까요? 그렇지 않습니다. 하나님은 항상 동일하신 분입니다(말 3:6, 히 13:8). 그렇다면 우리는 구약

아래에 나타난 심판과 신약에 나타난 긍휼을 어떻게 하면 조화롭게 이해할 수 있을까요? 이것을 위해 우리는 하나님의 참된 본성을 이해해야 합니다.

**율법 있기 전**

> 죄가 율법 있기 전에도 세상에 있었으나 율법이 없었을 때에는 죄를 죄로 여기지 아니하였느니라        로마서 5:13

로마서 5장 13절은 성경 전체를 이해하는 데 있어 결정적인 구절입니다. 이 구절은 '율법이 있기 전'이라고 말합니다. 이것은 모세 시대를 가리키는 것입니다. 율법은 아담의 타락 이후 거의 2,500년이 지나서야 주어졌습니다. 그전에도 사람들은 분명히 죄를 짓고 있었지만 하나님은 그 죄를 그들에게 돌리지 않으셨습니다. 이것은 성경을 이해하는 데 있어 매우 중요한 정보입니다.

기본적으로 우리의 종교적 체계는 하나님을 거룩하고 엄격하며 죄를 절대로 용납하지 않으시는 분으로 가르쳐 왔습니다. 마치 하나님이 하늘에서 난간에 몸을 기댄 채 번개를 손에 들고서 누가 잘못하나 지켜보다가 조금이라도 어긋나면 즉시 내리치시는 분처럼 그려졌습니다. 많은 사람들이 이런 방식으로 하나님을 인식하고 있습니다.

종교가 우리에게 가르쳐 온 것은 '아담과 하와가 죄를 지었을 때 (창 3:1-7) 하나님께서 죄인을 견딜 수 없기에 즉시 자신의 임재로부터 그들을 내쫓으셨다' 는 것입니다. 또한 하나님의 진노가 즉시 이 땅 위에 쏟아졌다고 배워왔습니다. 그러나 로마서 5장 13절은 그렇게 말하고 있지 않습니다.

모세 시대까지 하나님께서는 사람들의 죄를 그들에게 돌리지 않으셨습니다. 하나님은 자비로우신 분이셨기 때문에 죄를 짓자마자 곧바로 사람들을 심판하거나 벌하지 않으셨습니다. 실제로 인류의 처음 2,500년 동안 하나님은 긍휼로 사람들을 대하셨고 그 후 1,500년 동안은 율법이 시행되었으며 마침내 그리스도께서 오셨습니다.

## 은혜와 진리

> 율법과 선지자는 요한의 때까지요 그 후부터는 하나님 나라의 복음이 전파되어 사람마다 그리로 침입하느니라
> 누가복음 16:16

율법은 예수님께서 오셔서 끝내시기 전까지만 임시로 주어진 것이었습니다.

> 믿음이 오기 전에 우리는 율법 아래에 매인 바 되고 계시될 믿음의 때까지 갇혔느니라 이같이 율법이 우리를 그리스도께로 인도하는 초등교사가 되어 우리로 하여금 믿음으로 말미암아 의롭다 함을 얻게 하려 함이라 믿음이 온 후로는 우리가 초등교사 아래에 있지 아니하도다 너희가 다 믿음으로 말미암아 그리스도 예수 안에서 하나님의 아들이 되었으니
>
> 갈라디아서 3:23-26

예수님은 은혜와 진리를 세우셨습니다.

> 율법은 모세로 말미암아 주어진 것이요 은혜와 진리는 예수 그리스도로 말미암아 온 것이라      요한복음 1:17

창조 이후 지금까지 거의 6,000년 동안, 즉 아담의 타락부터 모세까지 약 2,500년, 모세부터 예수님까지 약 1,500년 그리고 예수님부터 지금까지 약 2,000년이 흘렀습니다. 이 가운데 사람들에게 죄가 전가되었던 기간은 실제로 2,000년이 채 되지 않습니다. 율법 이전인 처음 2,500년 동안에는 하나님께서 사람들을 긍휼로 대하셨고, 그리스도 이후로는 율법으로 사람들을 대하지 않으시며 더 이상 죄를 전가하지도 않으십니다.

그런데도 교회는 계속해서 "하나님께서 너희 죄를 기억하고 계신다."라고 선포해 왔습니다. 율법 아래에서 벗어난 지 2,000년이

지났지만, 대부분의 사람들은 여전히 그것을 알지 못하고 있고 많은 그리스도인들이 지금도 율법 아래에서 살고 있습니다.

### 그들은 내쫓겼는가?

율법이 오기 전에는 죄가 사람에게 전가되지 않았습니다(롬 5:13). 그렇다면 아담과 하와가 하나님께 죄를 지었을 때 하나님께서 그들을 어떻게 대하셨는지 살펴보겠습니다.

> 주 하나님께서 말씀하시기를 "보라, 그 사람이 우리 중 하나와 같이 되어 선과 악을 알게 되니, 이제 혹 그가 자기 손을 내밀어서 생명 나무의 과실도 따서 먹고 영원히 살까 함이라." 하시니라. 그러므로 주 하나님께서 에덴의 동산에서 그를 내어 보내어 그가 취함을 입은 그 땅을 갈게 하시니라.
> 
> 창세기 3:22-23, 한글킹제임스

'그러므로' 라는 단어의 위치를 주목해 보십시오. 이것은 23절이 22절에서 말한 내용을 근거로 하고 있다는 뜻입니다. 하나님께서 아담과 하와를 에덴동산에서 내보내신 이유는 그들이 생명 나무 열매를 먹고 나서 그 상태로 영원히 살게 되지 않도록 하시기 위함이었습니다.

이 구절 어디에도 '하나님이 거룩하시기 때문에 죄인 된 인간과는 교제할 수 없어서 그들을 동산에서 내쫓으셨다'는 말은 나오지 않습니다. 우리는 오랫동안 그런 식의 가르침을 들어왔습니다. '우리 삶에 죄나 불순물이 조금이라도 있으면 거룩하신 하나님은 우리와 함께하실 수 없다'는 것입니다. 하지만 이 구절은 그렇게 말하고 있지 않습니다. 주님께서 아담과 하와를 동산에서 떠나게 하신 진짜 이유는 그들이 생명나무를 먹고 영원히 살게 되는 것을 막기 위함이었습니다.

**여전히 교제하심**

그리고 바로 다음 장에서 아담과 하와가 에덴동산에서 쫓겨난 이후에도 하나님께서 여전히 사람들과 말씀하시고 실제 음성으로 대화하시며 교제하고 계신 장면이 나옵니다.

> 가인이 여호와 앞을 떠나서 에덴 동쪽 놋 땅에 거주하더니
>
> 창세기 4:16

이 구절에서 중요한 것은 가인이 스스로 여호와의 임재를 떠났다는 점입니다. 하나님께서 가인을 버리신 것이 아니라 가인이 하나님의 임재에서 떠난 것입니다. 하나님은 사람들을 자신의

임재에서 내쫓으신 적이 없습니다. 우리가 하나님을 떠난 것입니다. 하나님은 인간과의 교제를 중단하지 않으셨습니다. 율법이 주어지기 전까지 하나님께서는 사람들의 죄를 그들에게 돌리지 않으셨고 여전히 자비 가운데 사람들과 교제하셨습니다.

하나님께서 아담과 하와를 에덴동산에서 내보내신 이유는 그들이 생명나무 열매를 따먹고 타락한 그 상태로 영원히 살게 되는 것을 막기 위함이었습니다(창 3:22-23). 그 상태로 영원히 존재한다는 것은 끔찍한 일이었을 것입니다.

**죽음의 유익**

저는 영화를 자주 보는 편은 아니지만 예전에 비슷한 주제를 다룬 영화를 한 편 본 기억이 있습니다. 그 영화에서는 어떤 가족이 특별한 물을 마시고 '영원히 사는' 능력을 갖게 되었는데 그들은 이미 200년 넘게 살고 있었고 죽을 수가 없었습니다. 총에 맞아도 금세 다시 일어났습니다. 그러던 중 어떤 악한 인물이 그 가족의 비밀을 우연히 알아내고 그 물을 찾아내어 자신도 마시고 영원히 살기 위해 그들을 쫓기 시작했습니다. 만약 그 사람이 그것을 마셨다면 누구도 그를 제거할 수 없었을 것입니다. 저는 이 이야기를 통해 주님이 저에게 보여 주신 것이 있다고 느꼈습니다.

우리는 죄로 인해 타락한 세상에 살고 있기 때문에 죽음은 사실상 하나의 축복입니다. 잠시 생각해 보십시오. 사람들이 죽을 수 없다면 히틀러나 스탈린, 폴 포트, 이디 아민 같은 인물들이 여전히 살아 있으면서 자신들의 악을 계속 퍼뜨리고 있을 것입니다. 죽음은 이렇듯 많은 것들을 끝냅니다.

죄로 물든 세상에서 죽을 수 없다는 것은 어떤 의미일까요? 그것은 거짓말과 속임수, 도둑질 그리고 생각할 수 있는 모든 종류의 악이 도처에서 끊임없이 반복되는 곳에서 영원히 살아간다는 뜻입니다. 이러한 관점으로 본다면 실제로 죽음은 하나의 유익입니다.

하나님께서도 사람이 죄 가운데서 영원히 사는 것을 원하지 않으셨습니다. 그렇기 때문에 주님을 알고 있는 사람은 죽음을 긍정적인 관점에서 바라볼 수 있습니다. 때가 되어 우리가 이 땅을 떠나게 되면(전 3:2) 우리는 모든 것이 완전한 나라로 인도받게 됩니다. 그곳에는 더 이상 슬픔도, 눈물도, 고통도 없습니다. 주님은 이 상황을 아시고 사람들이 타락한 상태로 영원히 살아가는 것을 원하지 않으셨습니다. 그래서 죽음은 사실상 하나의 축복이라고도 말할 수 있습니다. 하나님께서는 아담과 하와가 불순종하여 생명나무 열매를 따먹는 것을 원하지 않으셨고 그 결과 타락과 죄 가운데서 영원히 사는 능력을 갖게 되는 것도 바라지 않으셨습니다. 하나님께서 아담과 하와를 동산에서 내보내신 이유는 거절이 아니라 사랑이었습니다.

## 17장

# 긍휼로 행하시는 하나님

하나님께서는 아담과 하와를 에덴동산에서 내보내신 후에도 그들과 그들의 자손들과의 교제를 중단하지 않으셨습니다. 이 사실은 창세기 4장에서 분명히 드러납니다.

> 세월이 지난 후에 가인은 땅의 소산으로 제물을 삼아 여호와께 드렸고 아벨은 자기도 양의 첫 새끼와 그 기름으로 드렸더니 여호와께서 아벨과 그의 제물은 받으셨으나
>
> 창세기 4:3-4

대부분의 사람들은 이 본문을 그냥 읽고 지나치며 그 안에 담긴 섬세한 진리를 놓칩니다. 가인과 아벨은 어떻게 제사를 드려야 한다는 것을 알았을까요? 그 지식은 어디서 온 것일까요? 본능적으로 알았던 걸까요? 태어날 때부터 그런 제사의 지식을 가지고

있었던 걸까요? 성경은 이에 대해 명확히 설명하지 않지만 몇 절 뒤를 보면 하나님께서 가인에게 실제 음성으로 말씀하셨음을 알 수 있습니다.

여호와께서 가인에게 이르시되 네가 분하여 함은 어찌 됨이며 안색이 변함은 어찌 됨이냐                    창세기 4:6

이것은 에덴동산에서 하나님과 교제하던 이전의 상황과 본질적으로 다르지 않다는 것을 암시합니다. 하나님께서는 여전히 사람들과 동행하시며 실제 음성으로 말씀하고 계셨습니다. 즉 에덴동산에서 쫓겨난 이후에도 계속해서 말씀하고 계셨던 것입니다.

하나님께서는 여전히 그들과 말씀하고 계셨고 그들은 하나님의 음성을 듣고 있었습니다. 그렇다면 에덴동산 안에 있을 때와 밖에 있을 때의 차이는 무엇이었을까요? 하나님은 계속 그들과 동행하시며 말씀하고 계셨는데 말입니다.

하나님께서 아벨의 제사는 받으셨고 가인의 제사는 받지 않으셨다는 것을 가인과 아벨이 어떻게 알았을까요? 성경에 직접적으로 설명되어 있지 않지만, 분명히 그것을 보여주는 가시적이거나 청각적인 하나님의 나타남이 있었던 것으로 보입니다.

## 여전히 동행하시며 교제하심

어떤 사람들은 가인의 제사가 거절된 이유가 그 제사에 피가 없었기 때문이라고 합니다. 피의 제사는 분명히 예수님을 예표하는 것이지만 성경에는 그 외의 제사들도 명령되어 있습니다. 가인이 드린 제사, 곧 자기 농작물의 첫 열매를 여호와께 드린 행위는 그로부터 약 2,500년 후 율법에 의해 명령된 제사 방식이기도 했습니다.

> 너는 네가 추수한 것과 네가 짜낸 즙을 바치기를 더디하지 말지며  
> 출애굽기 22:29

하지만 성경은 중요한 것은 제물의 종류가 아니라 그것을 드리는 사람의 마음 상태였다는 점을 강하게 강조합니다.

> 믿음으로 아벨은 가인보다 더 나은 제사를 하나님께 드림으로 의로운 자라 하시는 증거를 얻었으니 하나님이 그 예물에 대하여 증언하심이라 그가 죽었으나 그 믿음으로써 지금도 말하느니라  
> 히브리서 11:4

두 사람 사이의 차이는 제물의 종류가 아니라 그 제사를 드리는 사람의 마음에 믿음이 있었느냐 없었느냐의 문제였습니다. 저도

피의 제사에 관한 상징성과 논리를 이해합니다. 하지만 성경은 여기서 그 점을 강조하지 않습니다. 게다가 조금 전에 본 것처럼 첫 열매를 드리는 제사도 나중에 하나님께서 명령하신 방식이었습니다(출 22:29). 이런 점들을 고려할 때 그들이 어떻게 제사를 드려야 하는지를 알 수 있었던 것은 분명히 하나님께서 여전히 사람과 동행하시며 말씀하고 계셨기 때문입니다. 하나님께서는 여전히 사람과 교제하고 계셨으며 그들의 죄를 그들에게 돌리지 않으셨습니다(롬 5:13). 하나님께서는 아벨의 제사는 받으셨고 가인의 제사는 받지 않으셨습니다. 그 사실을 보여주는 어떤 가시적이거나 청각적인 방식이 있었던 것입니다.

> 가인과 그의 제물은 받지 아니하신지라 가인이 몹시 분하여 안색이 변하니 여호와께서 가인에게 이르시되 네가 분하여 함은 어찌 됨이며 안색이 변함은 어찌 됨이냐
> 
> 창세기 4:5-6

여기서도 그들에게 하나님과 교제하는 영이 있었는지 혹은 단지 직감적으로 알았는지에 대한 언급은 없습니다. 문맥상 보았을 때 하나님께서 들리는 음성으로 말씀하신 것처럼 보입니다.

## 익숙함은 멸시를 낳는다

> 여호와께서 가인에게 이르시되 네가 분하여 함은 어찌 됨이
> 며 안색이 변함은 어찌 됨이냐 네가 선을 행하면 어찌 낯을
> 들지 못하겠느냐 선을 행하지 아니하면 죄가 문에 엎드려
> 있느니라 죄가 너를 원하나 너는 죄를 다스릴지니라
> 창세기 4:6-7

하나님께서는 가인에게 실제로 들을 수 있는 음성으로 말씀하셨습니다. 이것은 바로 앞 장에서 아담과 하와에게 말씀하신 방식과 동일했습니다.

> 가인이 그의 아우 아벨에게 말하고 그들이 들에 있을 때에
> 가인이 그의 아우 아벨을 쳐죽이니라 여호와께서 가인에게
> 이르시되 네 아우 아벨이 어디 있느냐 그가 이르되 내가 알지
> 못하나이다 내가 내 아우를 지키는 자니이까
> 창세기 4:8-9

오늘날의 십대 청소년들은 고등학교를 졸업할 때까지, TV와 영화에서 25만 건이 넘는 잔혹한 살인 장면을 보게 된다고 합니다. 그러나 당시 상황은 지금과는 완전히 달랐습니다. 그때는 TV도 없었고 세상에 단 한 사람도 죽은 적이 없었습니다. 가인은 인류

최초로 타인을 살해한 사람이었습니다. 그리고 그의 손에 여전히 피가 묻어 있을 때 하나님께서 실제로 들을 수 있는 음성으로 하늘로부터 말씀하셨습니다. "네 아우 아벨이 어디 있느냐?"

당신이 이 땅에서 최초로 살인을 저지른 사람이고 자신의 형제를 죽였으며 하늘에서 실제로 들리는 하나님의 음성이 "무슨 짓을 한 것이냐?"라고 묻는다면 어떤 일이 일어났을 것 같습니까? 재판이 열릴 필요도 없었을 것입니다. 그 자리에서 그냥 죽어버렸을 테니까요. '이제 끝이구나!' 라는 생각이 들었을 것입니다.

그런 상황에서 가인이 보여준 반응, 곧 하나님의 질문에 거짓말로 답한 그의 태도는 많은 것을 시사합니다. "모릅니다. 제가 내 아우를 지키는 자입니까?"(9절) 이것은 가인이 하나님의 음성에 매우 익숙했다는 사실을 분명히 보여줍니다. 그는 하나님께서 자신에게 말씀하시는 것에 익숙해져 있었던 것입니다. "익숙함은 멸시를 낳는다"는 말처럼 가인도 그런 상태였습니다.

이 모든 사실은 하나님께서 여전히 사람과 함께하시며 말씀하고 계셨다는 것을 증명합니다. 아담과 하와가 죄를 지었을 때 하나님께서 곧바로 그들을 거절하셨다는 생각은 사실이 아닙니다. 하나님은 계속해서 사람에게 자비를 베풀고 계셨으며 사랑과 긍휼로 그들과 관계를 맺고 계셨던 것입니다. 그분은 여전히 사람과 함께하시며 말씀하고 계셨습니다.

## 하나님과의 언약

> 가인이 여호와 앞을 떠나서 에덴 동쪽 놋 땅에 거주하더니
>
> 창세기 4:16

가인이 하나님의 임재를 떠난 것이지 하나님께서 그를 떠나신 것이 아닙니다. 그는 거룩하신 하나님의 임재 앞에 설 수 없었습니다. 그의 양심이 그를 정죄하고 있었기 때문에 스스로 하나님의 임재를 떠난 것입니다. 그가 하나님의 임재를 떠날 수 있었다는 사실은 그 임재가 실제로 그에게 있었다는 증거입니다. 하나님은 여전히 그와 동행하고 계셨던 것입니다. 따라서 하나님께서 여전히 사람들과 동행하시며 긍휼을 베풀고 계셨다는 것을 알 수 있습니다. 율법이 오기 전까지 2,500년 동안 하나님께서는 사람들의 죄를 그들에게 돌리지 않으셨습니다.

아브라함은 이복누이와 결혼했습니다(창 20:12). 이것은 주님의 눈에 가증한 일이었습니다(레 18:9, 11). 율법에 따르면 이와 같은 일을 행한 사람은 죽임을 당해야 했습니다(레 18:29). 아브라함이 이복누이와 결혼한 것은 하나님께서 보시기에 분명한 성적인 가증함이었습니다. 그는 이것이 잘못이라는 사실을 언제 알게 되었을까요? 이러한 내용은 율법이 주어지기 전까지는 명확하게 전달되지 않았습니다. 그러나 하나님은 어제나 오늘이나 영원토록 동일하신 분이십니다(히 13:8). 그분은 결코 그런 일을 원하지

않으셨습니다. 하나님은 아브라함이 이복누이와 결혼했음에도 불구하고 그를 벌하시기는커녕 긍휼히 여기시며 오히려 자신의 친구로 삼으셨습니다(대하 20:7, 사 41:8, 약 2:23).

그 후 아브라함은 두 번이나 거짓말을 했습니다(창 12:10-20, 20:1-18). 자기 목숨을 보전하기 위해 그는 두 번이나 자기 아내를 다른 남자에게 넘기려 했습니다. 그것은 누가 봐도 명백한 잘못이며 진실하지도 않았고 책임감 있는 태도도 아니었습니다. 만일 부요와 권세를 가진 외국의 통치자가 자신의 아내를 탐낸다는 이유만으로 "이 여자는 내 아내가 아닙니다. 마음대로 하세요."라고 했다면, 그 일은 분명 큰 파장을 일으켰을 것이며 그런 행동은 비난받아 마땅합니다. 아브라함의 행동은 분명 잘못이었습니다. 그런데도 하나님께서는 아브라함을 축복하셨고 마치 잘못한 사람이 그 왕인 듯 그를 꾸짖으셨습니다. 왜일까요? 그 이유는 하나님과 언약을 맺은 사람이 아브라함이었고 그 왕은 아니었기 때문입니다.

하나님은 누가 옳고 그른지를 기준으로 사람들을 대하시는 것이 아니라 언약을 기준으로 대하시기 때문에 아브라함을 보호하신 것입니다.


### 긍휼로 대하지 마라

아브라함의 손자들이 등장하면서 또 다른 문제가 나타납니다.

야곱은 레아와 라헬, 두 여인과 동시에 결혼했는데 그들은 자매였으며 이것은 주님의 눈에 가증한 일이었습니다(레 18:18). 율법에 따르면 이런 일을 행한 자는 죽임을 당해야 했습니다(레 18:29). 그럼에도 불구하고 그는 하나님과의 씨름에서 이겼고 주님은 그의 이름을 이스라엘로 바꿔주셨습니다(창 32:24-28).

그리고 이스라엘 자손들이 그의 이름을 따르게 되었습니다. 이처럼 성경 곳곳에서 하나님께서 사람들에게 긍휼을 베푸신 수많은 사례들을 계속해서 찾아볼 수 있습니다.

만일 그때 율법이 집행되고 있었다면 그들은 하나님의 진노와 형벌 아래 있었을 것입니다. 그러나 율법 이전에는 하나님께서 사람들을 긍휼로 대하시며 그들의 죄를 그들에게 돌리지 않으셨습니다(롬 5:13).

가인이 자기 형제를 죽였을 때 그는 하나님께 거짓말을 하고 그 일을 은폐하려 했습니다. 그에게는 회개의 흔적이 전혀 없었습니다. 형제를 죽인 것에 대해 슬퍼한 것이 아니라 들켰다는 사실이 못마땅했을 뿐입니다. 그가 "사람들이 이 일을 듣고 나를 죽이려 할까 두렵습니다."라고 하나님께 아뢰자, 하나님은 그의 이마에 표를 주시며 이렇게 말씀하셨습니다. "누구든지 가인에게 손을 대면 일곱 배로 벌을 받을 것이다."(창 4:15) 하나님께서 인류 최초의 살인자를 보호하신 것입니다. 가인의 행위를 인정하신 것은 아니지만 그를 심판하거나 죽이지 않으시고 긍휼을 베푸셨습니다.

그것과 대조되는 사례가 하나 있습니다. 율법을 어긴 첫 번째 사람은 안식일에 나무를 주우러 나갔습니다(민 15:32-36). 모세의 계명을 처음으로 어긴 자는 단지 불을 피워 음식을 준비하려고 나무를 줍고 있었을 뿐이었습니다. 그런데 사람들은 그를 가두고 하나님께서 어떻게 처분하시려는지를 기다렸습니다. 주님께서는 구름의 형태로 나타나셔서 들리는 음성으로 말씀하셨습니다. "그 사람은 반드시 돌로 쳐서 죽여야 한다."(35절) 다시 말해 '긍휼로 대하지 마라'는 말씀이었습니다.

율법 아래에서 처음 계명을 어긴 사람은 단지 불을 피우기 위해 나무를 주웠다는 이유로 죽임을 당했습니다. 반면 아담과 하와의 타락 이후 가장 먼저 범죄한 가인은 형제를 죽였음에도 불구하고 하나님은 그에게 긍휼을 베푸셨습니다. 율법 아래에서와 그 이전 혹은 이후에 하나님께서 사람들을 다루시는 방식 사이에 분명한 차이가 있다는 것이 보이지 않으십니까? 율법은 하나님의 본심을 드러낸 것이 아니었습니다.

**'죄'라는 암 덩어리를 도려내다**

만일 하나님께서 우리가 흔히 생각하듯 진노에 가득 찬 분이시고 율법에서 묘사되는 것처럼 분노를 즉시 드러내시는 분이셨다면, 그분은 곧바로 사람들을 심판하셨을 것이며 가인도 즉시 죽이셨을 것입니다. 그러나 우리는 성경 곳곳에서 하나님께서 사람들에게 긍휼을 베푸시는 장면을 반복해서 확인하게 됩니다.

그렇다면 노아의 홍수나 소돔과 고모라의 멸망은 어떻게 된 것인가요? 그것은 율법 이전에 일어난 일 아닙니까? 이 두 경우는 하나님께서 인류 전체를 향한 긍휼을 베푸시기 위해 일부를 심판하신 것입니다. 마치 어떤 사람의 팔이나 다리에 감염이 생겨 그것이 퍼져 도무지 막을 수 없는 상황이라면 생명을 보존하기 위해 그 부위를 잘라내야 하는 것과 같습니다. 잘려나가는 부위에는 혹독한 심판이지만 전체 몸을 살리기 위한 조치입니다. 때로는 이렇듯 전체를 위해 과감한 조처가 필요할 때도 있습니다.

노아 시대에는 하나님께서 홍수로 땅을 멸하시고 노아와 그의 가족 여덟 명 그리고 여러 짐승들만 구원하셨습니다(창 6-7장). 롯 시대에는 하나님께서 소돔과 고모라를 멸하셨습니다(창 19장). 당시 이 땅에는 마치 암과 같이 죄가 퍼져 있었습니다. 예수님의 죽으심과 부활 이전이었기에 사람들은 거듭날 수 없었고 그로 인해 죄에서 깨끗하게 될 수도 없었습니다. 그들은 매우 사악하고 마귀적인 존재들이었습니다. 성경은 지금 우리가 그 시대의 타락에 다시 가까워지고 있다고 말합니다.

> 노아의 때에 된 것과 같이 인자의 때에도 그러하리라 … 또 롯의 때와 같으리니 … 인자가 나타나는 날에도 이러하리라
>
> 누가복음 17:26, 28, 30

지금도 세상이 많이 타락했다고 생각되지만 소돔과 고모라 시대만큼은 아닙니다. 그 당시에는 죄라는 암 덩어리가 세상에 너무 깊이 퍼져 있었습니다. 만일 하나님께서 그들을 멸하지 않으셨더라면 하나님의 뜻을 따라 예수님을 탄생시킬 처녀는 찾을 수 없었을 것입니다. 세상은 그만큼 타락해 가고 있었습니다. 하나님께서는 인류 전체를 향한 긍휼로 그 암 덩어리를 도려내심으로써 그 부패가 인류 전체를 더럽히지 못하도록 막으신 것입니다.

**한 대 때려 준다!**

전체적으로 볼 때 하나님은 사람들의 죄를 그들에게 돌리지 않으셨으며(롬 5:13) 오히려 긍휼을 베푸셨습니다. 그 결과 우리는 긍휼과 은혜가 사람들에게 베풀어지는 모습을 보게 되고 하나님의 뜻에 완전히 어긋나는 일들을 하고 있었던 사람들조차 하나님께서 사용하시고 축복하셨다는 사실을 확인하게 됩니다.

그러나 율법이 주어지면서 사람들의 죄가 그들에게 돌려지기 시작했습니다. 이 율법은 우리를 그리스도께로 인도하는 초등교사의 역할을 했으며 장차 계시될 믿음이 올 때까지 우리를 가두어 두었습니다. 그러나 이제 그리스도께서 오셨기 때문에 우리는 더 이상 이 초등교사 아래에 있지 않습니다(갈 3:23-25).

율법은 잠시 동안만 유효한 것이었기 때문입니다.

아이가 한 살 정도가 될 무렵에는 옳고 그름을 알려주고 좋은 것을 선택하고 나쁜 것을 거절하는 습관을 세우도록 도와주어야 합니다. 하지만 한 살짜리 아이는 모든 것을 이해할 수 있는 능력이 없습니다. 아이를 앉혀 놓고 조리 있게 설명한다고 해서 그 내용을 알아듣는 것은 아닙니다. 그렇기 때문에 아이가 모든 것을 이해하지는 못하더라도 부모에 대한 두려움에서라도 순종하도록 가르쳐야 합니다. 물론 그 두려움은 학대가 아닌 올바른 방식 안에서 형성되어야 한다는 조건이 있습니다.

어른들이 어린아이에게 이렇게 말하는 것을 들어본 적이 있을 것입니다. "그거 또 하면 혼난다." 하지만 한 살짜리 아이에게 이렇게 말한다고 상상해 보십시오. "그 장난감을 또 빼앗으면 너는 사단의 편이 되는 거야. 사단은 주는 자가 아니라 빼앗는 자니까. 주는 것이 받는 것보다 복되다고 하셨잖니. 그러니까 너는 지금 나쁜 습관을 만들고 있는 거야. 계속 그렇게 하면 앞으로 친구도 없을 거고, 직장도 못 다닐 거고, 결혼도 실패할 거야." 이렇게 조리 있게 설명한다고 해서 아이가 이해하는 것은 아닙니다. 그냥 멀뚱히 쳐다볼 뿐입니다.

하지만 "또 그러면 한 대 때려 준다!"라고 하면 그 아이는 하나님이 존재하시는지, 사단이 있는지, 천국과 지옥이 뭔지는 몰라도 그 장난감을 다시 뺏고 싶은 충동이 생길 때 혼날까 봐서라도 그만두게 됩니다. 그러니까 그 아이가 나이를 먹어 이해할 수 있을 때까지는 두려움을 통해서라도 올바른 행동을 유도할 수 있고 그것이 일정 부분 유익이 되기도 합니다.

## 옳고 그름

우리 큰아들이 두 살쯤 됐을 때 우리 가족이 함께 시골의 흙길을 따라 산책하고 있었습니다. 풀들은 아이 키만큼 자라 있었고 아이는 우리보다 30미터쯤 앞서가며 작고 가벼운 몸으로 이리저리 뛰어다니고 있었습니다. 이 길에는 아무도 오지 않을 거라 생각하면서 우리는 느긋하게 걸으며 이야기를 나누고 있었습니다. 그런데 저 앞 사거리 쪽으로 시속 80-90킬로미터로 달리는 차 한 대가 빠르게 다가오고 있었습니다. 그 속도가 너무 빨라서 제가 전력으로 뛰어간다 해도 아이를 막을 수는 없었을 것입니다.

그 차가 교차로를 통과하던 바로 그 순간, 아이가 그곳에 도달했습니다. 풀이 너무 높아서 운전자들은 아이를 볼 수 없었고 충돌은 불가피해 보였습니다.

하지만 우리는 아이가 우리 말을 즉시 순종하도록 훈련해 두었습니다. 순종하지 않으면 회초리를 맞았기 때문입니다. 그래서 저는 큰 소리로 "조슈아, 멈춰!" 하고 외쳤고 아이는 그 자리에서 발을 딱 멈췄습니다. 그리고 차는 그의 몇 발짝 앞을 휙 지나갔습니다.

많은 부모들이 자녀를 훈육하지 않습니다. 대신 아이들과 이성적으로 대화하려고만 합니다. 그렇게 하면 아이들은 유혹에 훨씬 더 쉽게 노출됩니다. 아이는 이성적으로 판단하기에 앞서 옳고 그름을 먼저 배워야 합니다.

> 육에 속한 사람은 하나님의 성령의 일들을 받지 아니하나니 이는 그것들이 그에게는 어리석게 보임이요, 또 그는 그것들을 알 수도 없나니 그러한 일은 영적으로 분별되기 때문이라
> 고린도전서 2:14

사람이 거듭나기 전에는 영적인 것을 이해할 수 있는 능력이 없습니다. 그렇다면 하나님은 죄의 범람을 어떻게 제한하실 수 있었을까요? 사람이 거듭나기 전에는 영적인 분별력이 없었는데 어떻게 우리를 바른길로 이끌고 옳은 일을 하게 하실 수 있었을까요? 하나님은 율법을 주셔야만 했습니다. 율법은 사람들이 순종하지 않을 경우 따르게 될 결과에 대한 두려움을 동기로 삼아 순종하도록 유도했고, 이를 통해 옳고 그름을 가르쳤습니다.

# 18장

# 옛 언약과 새 언약

사랑 안에 두려움이 없고 온전한 사랑이 두려움을 내쫓나니 두려움에는 형벌이 있음이라 두려워하는 자는 사랑 안에서 온전히 이루지 못하였느니라  요한일서 4:18

새 언약 아래에서 우리가 받은 부르심은 벌을 받을까 두려워하며 하나님을 섬기는 것이 아닙니다. 그러나 대부분의 사람들은 이것을 이해하지 못한 채 여전히 옛 언약의 두려움 속에서 살아가고 있습니다. 하나님께서 자신에게 진노하고 계시고 죄를 자신에게 돌리고 계신다고 생각하는 것입니다. 그러나 그런 인식은 이제 달라져야 합니다. 그것은 우리가 거듭나기 이전까지 하나님께서 임시로 사용하신 방식이었습니다. 이제 우리는 그리스도 안에서 새로운 피조물이 되었고 옳고 그름에 대한 직관적인 인식을 갖고 있습니다. 하나님께서 우리 안에 거하시며 옳고 그름을 알려 주시고 우리가 가야 할 길로 인도해 주십니다. 그렇기 때문에 그리스도인인 우리는 더 이상 하나님의 진노나 심판을 두려워할 필요가 없습니다.

저는 유년 시절에 번화한 도시에서 자랐습니다. 아버지는 제가 어릴 때 돌아가셨기 때문에 어머니께서 저를 키우셨습니다. 어머니는 제가 길을 건널 때 좌우를 살피지 않으면 엉덩이를 때리셨고 그 일로 매를 많이 맞았습니다. 지금 나이가 예순이 넘었지만 길을 건널 때 여전히 두세 번씩 좌우를 살펴봅니다. "길을 건널 땐 좌우를 잘 살펴라"는 말씀이 저의 뼛속 깊이 새겨져 있기 때문입니다. 그러나 지금은 어머니께서 저를 때리실까 봐 그렇게 하는 것이 아닙니다. 그런 단계는 이미 오래전에 지났습니다. 저는 단지 차에 치이고 싶지 않기 때문에 옳은 일을 하고 있는 것입니다.

만일 우리가 함께 길을 걷다가 제가 잠깐 정신을 놓고 길을 건넌 뒤에 "어, 저 방금 좌우를 안 살폈어요! 제발 어머니께 알리지 마세요. 매를 맞을지도 몰라요!"라고 한다면 아마도 당신은 "지금 그게 무슨 말씀인가요?"라고 반응할 것입니다. 제 어머니는 이 글을 쓰는 시점 기준으로 아흔다섯이십니다. 저는 더 이상 매를 맞을 걱정을 하지 않습니다. 하지만 여전히 옳은 일을 합니다. 다만 동기만 완전히 달라졌을 뿐입니다.

## 그것은 결코 하나님의 최선이 아니었다

　우리가 더 이상 옳은 일을 하지 않아도 된다고 말하는 것이 아닙니다. 그러나 구약의 율법은 짧은 기간 동안 임시로 적용되었던 것이고 그 목적은 사람들이 거듭날 수 있게 되기 전까지 두려움과 진노, 형벌을 통해 의롭게 살도록 동기를 부여하는 데 있었습니다. 두려움의 부정적인 결과는 고통이며 실제로 대부분의 사람들이 고통 속에 살아가고 있습니다. 그들은 하나님께서 원하시는 친밀한 교제와 관계로 들어가지 못하고 있습니다. 그래서 하나님은 처음부터 사람들의 죄를 그들에게 돌리지 않으신 것입니다.

　하나님께서 사람의 죄를 바로 그들에게 돌리고자 하셨다면 아담과 하와를 앉혀 놓고 이렇게 말씀하셨을 수도 있습니다. "좋아, 너희의 범죄가 어떤 결과를 초래했는지, 그로 인해 인류에게 어떤 일이 일어나게 될지를 보여 주겠다." 하나님께서 지난 한 세기만 보여 주셨어도 충분했을 것입니다. 세계 대전, 히틀러, 스탈린, 폴 포트와 같은 자들 그리고 이 악한 독재자들에 의해 죽임당한 수많은 사람들을 말입니다.

　하나님께서 아담에게 인류가 겪게 될 마음의 상처, 아픔, 질병, 분노, 쓰라림 그 외의 모든 불경건한 것들을 보여 주셨다면 아담은 자기 자신을 도무지 받아들일 수 없었을 것이고 그것을 감당할 수 없었을 것입니다. 하나님은 자신의 진노를 보여 주실 수도 있었고 아담에게 그의 상태가 얼마나 비참한지를 보여 주실 수도 있었지만, 아담과 하와를 앉혀 놓고 "살인하지 말라, 간음하지 말라"와 같은 말씀은 하지 않으셨습니다. 그때는 하나님께서 직접 들리는 음성으로 그들에게 말씀하고 계셨기 때문에 십계명을 주시기에는 아주 좋은 기회처럼 보였을 것입니다. 그런데도 왜 2,500년을 더 기다리셨을까요? 율법은 하나님의 최선이 아니었기 때문입니다.

하나님은 우리가 우리의 죄악됨을 깊이 알게 되기를 원치 않으셨습니다. 하나님은 아담이 죄책감에 사로잡혀 그분에게서 도망치는 일을 원하지 않으셨습니다. 하나님은 사람들에게 긍휼을 베푸시며 2,500년 동안 심판을 유보하셨습니다. 하지만 사람들은 그것을 죄에 대한 하나님의 승인으로 오해했습니다. 가인이 살인을 저지르고도 아무런 심판을 받지 않자 그의 오대손 라멕은 자기 보호를 위해 한 사람을 죽이고, 자기 아내들에게 이렇게 말했습니다.

> 가인을 위하여는 벌이 칠 배일진대 라멕을 위하여는 벌이 칠십칠 배이리로다 하였더라　　　　　　　　창세기 4:24

즉 "나는 가인보다도 더 정당한 이유로 사람을 죽였다. 그러니 하나님이 가인을 보호하셨다면 나는 더 보호하셔야 한다."라는 뜻입니다. 그들은 서로를 기준 삼아 비교하기 시작했고, 결국 사람을 죽이는 것도 잘못이 아니라고 생각하게 된 것입니다(고후 10:12). 그 결과 간음이나 성적 부도덕, 남색까지 죄가 아니라고 여기게 되었고(전 8:11) 옳고 그름에 대한 기준을 더 이상 알지 못하게 되었습니다. 그로 인해 하나님은 옳고 그름의 기준을 반드시 세워 주셔야 했습니다.

**이 정도면 하나님께서 나를 받아주실 거야**

오늘날 우리 사회에서도 똑같은 일이 일어나고 있습니다. 50년 전만 해도 동성애는 잘못된 것으로 여겨졌습니다. 사회적으로 받아들여지지 않았고 지금처럼 드러내놓고 행동하지는 않았습니다. 동성애자들은 퍼레이드를 열지도 않았고 스스로를 '게이'라고 내세우며 홍보하지도 않았습니다. 그런데 유명한 록스타 몇 명과 정치인, 영화배우들이 그 모든 명성과 부를 지닌 채 동성애자임을 선언하자 세상은 갑자기 그에 대해 다르게 느끼기 시작했습니다. 이 죄 가운데 사는 이들이 유명하고 부유하며 잡지 표지에 등장하고 세상으로부터 존경받는 것을 보면서 사람들은 더 이상 그러한 생활방식이 나쁘다고 생각하지 않게 되었습니다. 그러나 성경에 따르면 동성애는 지금도 변함없이 잘못된 것입니다(레 18:22, 20:13, 롬 1:26-28).

오늘날 많은 사람들은 마음속에 절대적인 기준이 없습니다.

상대적인 기준에만 의존하며 세상의 기준에 따라 흐름을 좇아갑니다. 우리 그리스도인들조차 사회 평균보다 조금만 나으면 그 정도면 충분하다고 여기면서 하나님의 말씀 전체를 따르려 하지 않습니다. 하지만 그것은 잘못된 태도입니다. 우리는 하나님 말씀에 따라 살아야 합니다. 그런데도 사람들은 서로를 비교하면서 이렇게 말합니다. "그래도 나는 저 사람보다는 낫잖아." 하나님은 이러한 잘못된 생각을 깨뜨리기 위해 하나님의 진노를 드러내는 기준을 세우셨습니다. 그 기준 앞에서 하나님께 순종하고자 하는 마음을 가진 사람들은 "만약 이것이 하나님께서 요구하시는 것이라면 나는 완전히 망했구나."라고 깨닫게 됩니다.

율법의 목적은 우리가 그것을 모두 지키게 하려는 것이 아닙니다. 율법을 자세히 살펴보면 매우 구체적이라는 것을 알 수 있습니다. 예를 들어 지금 우리가 입고 있는 옷에 면과 양모가 섞여 있다면, 그것은 율법을 어긴 것입니다(레 19:19). 율법은 심지어 화장실을 이용하는 방식까지도 세세히 규정하고 있습니다(신 23:12-14).

어떤 사람들은 저에게 와서 이렇게 말합니다. "나는 율법을 지켜야 한다고 생각합니다." 또 어떤 사람들은 "십계명만큼은 지켜야 한다고 믿습니다."라고 말합니다. 그런데 그런 사람들 중에서 십계명 내용을 전부 알고 있었던 사람은 지금까지 한 사람도 없었습니다. 게다가 율법에는 십계명만 있는 것이 아닙니다. 그 외에도 삶의 모든 영역에 관한 수백 개의 계명들이 더 있습니다.

구약의 율법에서 해방되었다는 성경 말씀을 읽고 나름대로 그 의미를 이해한 사람들 중에는 그것이 단지 의식법ceremonial law에만 해당된다고 주장하는 이들도 있습니다. 그들이 말하는 의식법이란 절기나 제사와 같은 것들을 뜻합니다. 그러나 고린도후서 3장 7절은 '돌에 써서 새긴 율법'이 없어졌다고 말하는데 이것은 분명히 십계명을 가리키는 표현입니다. 십계명은 여전히 옳고 거룩하지만, 하나님은 이제 우리가 그것을 지키는 것을 기준으로 우리와 관계를 맺지 않으십니다. 따라서 율법에서 해방되었다는 성경 말씀은 십계명을 포함한 전체 율법을 뜻하는 것입니다.

하나님께서 율법을 주신 이유 중 또 다른 하나는 서로를 비교하며 다음과 같이 생각하는 사람들을 위한 것이었습니다. "나는 꽤 괜찮은 사람이야. 내가 완벽하지는 않지만 비교적 좋은 편이지." 이렇게 하나님께서 사람을 상대평가로 판단하신다고 믿는 이들은 하나님도 결국 누군가는 받아 주셔야 한다고 생각합니다. 아무도 완전하지 않기 때문에 다른 사람들과 비교해 어느 정도 수준에 있는지가 기준이 된다는 것입니다. "내가 상위 10퍼센트 안에 들면 하나님도 나를 받아 주실 거야." 많은 사람들이 이런 식으로 생각합니다.

## 하나님의 기준

'나는 꽤 괜찮은 사람이야. 술도 안 마시고 욕도 하지 않고 그런 짓을 하는 사람들과 어울리지도 않아. 적어도 저 세리보다는 낫잖아. 나는 일주일에 두 번 금식도 해.' (눅 18:11-12) 이렇게 생각하는 사람들에게 하나님은 다음과 같이 말씀하셨습니다. "네가 스스로 의롭다고 생각하느냐? 내가 참된 거룩함이 무엇인지 보여 주겠다." 그리고 아무도 지킬 수 없는 기준을 주셨습니다.

율법은 본래 우리가 지키도록 주어진 것이 아닙니다. 물론 가능한 한 그것을 지키려고 노력하면 유익은 있습니다. 그렇게 하면 사단이 우리를 공격할 틈이 줄어들기 때문입니다. 그러나 누구도 율법을 완벽하게 지킬 수는 없습니다. 오직 예수님만이 그것을 온전히 지키셨습니다. 율법은 우리가 결코 도달할 수 없는 기준을 제시함으로써 우리를 정죄하려는 목적으로 주어진 것입니다.

죄요 죄의 권능은 율법이라    고린도전서 15:56

율법 조문은 죽이는 것이요    고린도후서 3:6

율법은 우리의 변명을 막고 우리를 유죄 판결 아래 두며 우리의 시선을 죄에 고정시킵니다(롬 3:19-20). 또한 궁휼 대신 진노를 일으키고 죄가 우리를 지배하게 만듭니다(롬 4:15, 6:14).

> 율법으로 말미암지 않고는 내가 죄를 알지 못하였으니 … 그러나 죄가 기회를 타서 계명으로 말미암아 내 속에서 온갖 탐심을 이루었나니 이는 율법이 없으면 죄가 죽은 것임이라 전에 율법을 깨닫지 못했을 때에는 내가 살았더니 계명이 이르매 죄는 살아나고 나는 죽었도다
> 로마서 7:7-9

율법은 우리를 돕기 위해 주어진 것이 아닙니다. 오히려 우리를 꺾고 상하게 하려고 주어진 것입니다. 율법은 우리의 자기 의를 허물고 우리를 정죄하며 스스로 무가치하다고 느끼게 만듭니다. 요약하자면 율법은 하나님 앞에서 우리를 철저히 꺾어뜨려 "주님, 이것이 주께서 요구하시는 것이라면 저는 아무런 소망이 없습니다. 죄인인 저에게 긍휼을 베풀어 주옵소서."라고 고백하게 하려는 것이었습니다. 율법의 목적은 결국 우리를 하나님의 긍휼과 은혜로 이끄는 데 있었습니다.

### 어떻게 자격을 얻었는가?

어떤 사람이 천국에 갔습니다. 그는 이 땅에서 자신이 아주 선하게 살았다고 믿고 몹시 자신만만했습니다. 진주 문 앞에서 그를 맞이한 베드로가 물었습니다. "천국에 들어올 자격이 있다고 믿는 근거가 무엇입니까?"

그 사람이 대답했습니다. "저는 정말 선한 사람입니다."

"좋습니다. 천국에 들어오려면 백 점이 필요합니다. 지금까지 해온 일을 말씀해 보세요."

"저는 매주 일요일 교회에 빠지지 않고 출석했어요. 심지어 출석률 100% 공로 배지도 받았습니다."

"좋습니다! 그건 0.5점입니다."

"0.5점이라고요?"

"네, 0.5점입니다."

"저는 아내에게 늘 충실했습니다. 단 한 번도 외도한 적이 없습니다."

"좋습니다! 그건 1점입니다."

점점 다급해진 그는 말했습니다. "저는 평생 교회에 십일조를 드렸고 헌금도 했습니다!"

"그것도 1점입니다."

그는 그 외에도 네다섯 가지 선행을 더 이야기했지만 점수는 고작 5점에 불과했습니다.

마침내 두 손을 들고 절망스럽게 외쳤습니다.

"이런 식이라면 하나님의 은혜가 아니면 천국에 들어갈 수 없겠군요!"

"정답입니다! 그게 바로 100점이에요. 어서 들어오세요."

이것이 바로 율법의 목적이었습니다. 스스로 '나는 꽤 괜찮은 사람이야'라고 생각하는 사람들을 위한 것이었습니다. 우리는 자기 자신이나 자신의 선행을 의지해서는 결코 구원받을 수 없습니다. 하나님께서는 우리의 자기 의를 꺾으시고 우리가 자신을 의지하지 않고 오직 하나님의 긍휼과 은혜를 신뢰하도록 이끄셔야 했습니다. 그래서 하나님께서는 수천 가지에 이르는 기준들을 주셔서 우리가 자기 의에 대한 소망을 버리고 스스로는 결코 충분히 선할 수 없다는 사실을 깨닫도록 하셨습니다. 율법은 우리 모두를 하나님 앞에서 유죄로 만들었습니다(롬 3:23). 율법은 우리의 입을 막고 우리가 얼마나 기준에서 빗나갔는지를 드러내는 역할을 했습니다.

**화목하게 하는 말씀**

종교는 율법을 긍정적인 것으로 포장해 왔습니다. "하나님께서 우리를 너무 사랑하신 나머지 하나님과 올바른 관계를 맺기 위해 우리가 해야 할 일을 하나부터 열까지 단계별로 알려 주셨다."고 말합니다. 그러나 율법은 우리를 죽이기 위한 것이었습니다(고후 3:7). 율법은 파괴하기 위한 것이었고 우리를 침묵시키고 희망도 없고 도움도 없는 상태로 만들어 하나님께 긍휼을 구하게 하려는 목적이었습니다(갈 3:23). 그런데도 오늘날 대부분의 교회는 이 율법을 끌어안고 또 그것을 전파하려 합니다. 하지만 율법은 우리를 죽이기 위해 주어진 것이었습니다. 우리는 율법 아래에서 벗어나 하나님의 긍휼과 은혜에 근거하여 하나님과 관계 맺기 시작해야 합니다.

하나님은 초기의 2,500년 동안 인류를 긍휼로 다루셨습니다. 그러나 사람들이 하나님의 심판이 없다는 사실을 죄에 대한 승인으로 오해하자 어떤 조치를 취하셔야 했습니다. 사람들은 서로를 기준 삼아 자신을 비교하다 보니 옳고 그름에 대한 개념을 상실하게 되었습니다. 그들은 불경건한 삶을 살면서도 자기 의에 사로잡혀 '내가 그런 짓들을 했지만 그래도 나는 훌륭한 사람이야.'라고 생각했습니다. 하나님께서는 그 흐름을 멈추셔야 했기에 율법을 주시고 사람들의 죄를 판단하시기 시작했으며 그에 따라 징벌하셨습니다.

그 결과 사람들 안에 두려움이 생겼고 그것이 그들이 범하는 죄의 양을 어느 정도 제한하긴 했지만, 그 두려움은 결국 그들이 지은 죄로 하여금 그들을 파괴하게 했습니다(잠 16:6). 사람들은 하나님과의 관계를 누리는 대신, 정죄 아래에서 살아가게 되었습니다. 그러나 예수님께서 오셔서 우리를 율법과 정죄로부터 구속하셨고 우리를 아버지와의 바른 관계로 다시 회복시켜 주셨습니다. 이제 우리는 하나님을 사랑하며 살아갈 수 있습니다. 하나님은 우리의 죄를 우리에게 돌리고 계시지 않습니다.

> 곧 하나님께서 그리스도 안에 계시사 세상을 자기와 화목하게 하시며 그들의 죄를 그들에게 돌리지 아니하시고 화목하게

하는 말씀을 우리에게 부탁하셨느니라 그러므로 우리가 그리
스도를 대신하여 사신이 되어 하나님이 우리를 통하여 너희를
권면하시는 것 같이 그리스도를 대신하여 간청하노니 너희는
하나님과 화목하라                        고린도후서 5:19-20

주님이 우리에게 맡기신 사역은 사람들에게 이것을 전하는 것입니다. "하나님은 당신에게 화나지 않으셨습니다. 하나님은 진노하고 계시지 않습니다. 하나님은 당신의 죄를 당신에게 돌리고 계시지 않습니다." 기억하십시오. 하나님의 선하심이 우리를 회개로 이끕니다(롬 2:4).

## 사랑에 근거한 관계

믿는 자로서 우리는 구약의 율법은 무엇이며 하나님께서 그것을 왜 주셨는지 분별할 수 있어야 합니다. 그리고 신약 아래 있는 우리는 더 나은 언약 안에 있다는 것을 인식해야 합니다. 우리는 더 이상 구약의 율법 아래 있지 않습니다. 이제 우리는 하나님을 사랑하고 이웃을 사랑하라는 법 아래 있습니다. 이것이 예수님께서 주신 두 가지 계명입니다. 예수님은 "네 마음을 다하고 목숨을 다하고 뜻을 다하여 주 너의 하나님을 사랑하라" 하셨고 "네 이웃을 네 자신 같이 사랑하라" 하셨습니다. 그러면 구약의 모든 규례

와 계명을 다 이루게 된다고 하셨습니다(마 22:37-40). 실제로 두려움이나 의무감 때문에 지키려 할 때보다 사랑으로 할 때 더 잘하게 됩니다.

제가 신약에서는 하나님의 은혜와 긍휼을, 구약에서는 하나님의 진노를 처음으로 인식했을 때 그 두 모습을 어떻게 조화시켜야 할지 알 수 없었습니다. '하나님이 정신 이상이라도 걸리신 걸까? 아니면 변하신 걸까? 도대체 무슨 일이 있었던 거야?' 하고 생각했습니다. 그러나 하나님은 언제나 동일하신 분입니다. 하나님은 항상 우리를 사랑해 오셨습니다. 하나님은 사랑이시기 때문입니다(요일 4:8).

저희 자녀들이 어렸을 때는 때때로 매로 훈육하기도 했습니다. 그것은 자녀들을 미워해서가 아니라 그들이 완전히 이해하지는 못하더라도 옳은 길로 인도하기 위한 것이었습니다. 그러나 그것은 일시적인 훈육 방식에 불과했습니다. 이제 그들이 어른이 되었으니 우리는 그들을 놓아주고 다른 방식으로 대해야 합니다. 부모는 변하지 않지만 자녀가 성장함에 따라 부모가 자녀를 대하는 방식도 달라지기 때문입니다. 그러나 저희 부부는 항상 그들을 사랑해 왔으며 항상 그들의 최선을 바라왔습니다.

이제 우리가 거듭났기 때문에 하나님께서는 우리의 죄를 우리에게 돌리지 않으십니다. 하나님은 우리를 붙잡아 벌주시려는 분이 아닙니다. 지금 우리 삶에서 일어나는 문제들은 하나님께서 일으키시는 것이 아닙니다. 이제 우리는 하나님과 사랑을 기반으로 관계를 맺을 수 있습니다. 우리는 새로운 언약, 더 나은 언약을 받았습니다. 그리스도께서 우리를 율법에서 속량하셨습니다. 우리는 율법의 저주에서 벗어났습니다(갈 3:13). 이보다 더 좋은 소식이 어디 있겠습니까!

**새 언약의 시각**

저는 하나님의 사랑과 은혜를 설교의 중심에 두고 있지만 대부분의 시간을 구약 연구에 할애합니다. 이제 새 언약에 대한 계시를 가졌기 때문에 제가 무엇으로부터 구속받았는지 되돌아볼 수 있게 되었습니다. 또한 하나님께서 진노하시며 사람들에게 징벌을 내리셨던 그 시절이 얼마나 끔찍했는지 알 수 있습니다. 사실 저 역시 그러한 진노와 징벌을 받아 마땅한 사람이지만 하나님은 저에게 긍휼과 은혜를 베풀고 계시기 때문에, 저는 하나님을 더욱 사랑하고 감사하게 됩니다.

많은 그리스도인들이 여전히 구약적인 관점으로 신약을 바라보고 있습니다. 혹시 당신도 그렇다면 이 진리를 이해하게 될 때 하나님의 말씀 전체를 바른 시각으로 보게 될 것입니다. 새 언약의 눈으로 구약을 바라보게 될 것입니다.

우리가 어떤 것들로부터 구속받았는지를 깨달을수록 주님을 향한 감사가 마음속에서 차오르게 됩니다. 그러다 보면 이렇게 말하게 될 것입니다. "예수님, 오늘 우리가 살고 있는 이 시대, 더 나은 시대를 주셔서 감사합니다."

그리스도의 몸 된 교회는 우리가 받은 새 언약을 제대로 누리지 못하고 있습니다. 우리는 마치 예수님께서 오시지 않으신 것처럼 모든 율법적인 제사 의식과 의무 아래 살아가는 사람들처럼 행동해 왔습니다. 그러나 이제 우리는 하나님께서 주신 새 언약의 계시를 인식하고 받아들여야 합니다. 그리고 하나님의 말씀으로 돌아가서 우리가 받은 유익이 무엇이며 그것을 어떻게 하면 온전하게 누릴 수 있는지를 발견해야 합니다.

# 19장
# 영적 난독증

하나님께서는 이미 우리의 모든 죄를 예수님께 담당시키셨습니다. 그분은 믿는 자들의 죄뿐 아니라 믿지 않는 자들의 죄까지도 대속하셨습니다. 그리스도께서는 세상의 모든 죄, 곧 과거와 현재 그리고 심지어 미래의 죄까지 모두 대속하셨습니다. 죄는 이미 모두 값이 치러졌습니다!

하나님은 진노하고 계시지 않습니다. 우리의 죄에 대해 심판하고 계시지 않습니다. 예수님은 십자가에서 모든 심판을 친히 감당하셨습니다. 하나님께서는 오늘날, 사람들이 예수님을 그들의 주님으로 영접했는지 여부에 따라 그들을 대하십니다. 결국 우리의 삶은 우리가 예수님을 어떻게 대하느냐에 달려 있습니다.

기억하십시오. 사람들이 지옥에 가는 이유는 그들 개인의 죄 때문이 아닙니다. 예수님을 거절했기 때문입니다. 그러나 그리스도를 영접한 사람은 하나님과 관계를 맺고 있습니다. 모든 죄, 즉

과거와 현재 그리고 심지어 미래의 죄까지도 이미 대속되었습니다. 우리가 하는 일이 주님을 놀라게 하거나 이미 처리되지 않은 일은 없습니다. 죄를 지을 때마다 '보혈을 다시 뿌려야 한다'거나 '그 죄를 고백하여 다시 보혈로 덮어야' 할 필요는 없습니다. 그렇게 하지 않으면 하나님과의 관계에서 벗어나게 된다는 가르침이 있지만 그것은 전혀 성경이 가르치는 바가 아닙니다.

예수님께서 우리를 위해 고난을 당하셨고 우리의 모든 죄를 대속하셨으며 하나님은 더 이상 우리에게 화내지 않으시고 다시는 우리를 책망하지 않으실 것이라는 사실을 이해하게 되면 우리는 하나님의 사랑을 훨씬 더 깊이 누릴 수 있게 됩니다. 주님께서 우리를 얼마나 사랑하시는지를 깨달을 때 우리의 믿음은 하늘을 찌를 듯이 자라납니다. 믿음은 사랑으로 역사하기 때문입니다(갈 5:6). 우리의 삶의 모든 영역이 그 사랑의 영향을 받습니다. 사실 이것이 바로 요한일서가 말하고 있는 핵심 내용입니다.

**하나님과의 관계**

태초부터 있는 생명의 말씀에 관하여는 우리가 들은 바요 눈으로 본 바요 자세히 보고 우리의 손으로 만진 바라 이 생명이 나타내신 바 된지라 이 영원한 생명을 우리가 보았고 증언하여 너희에게 전하노니 이는 아버지와 함께 계시다가 우리에게 나타내신 바 된 이시니라 우리가 보고 들은 바를 너희에게도 전함은 너희로 우리와 사귐이 있게 하려 함이니 우리의 사귐은 아버지와 그의 아들 예수 그리스도와 더불어 누림이라 우리가 이것을 씀은 우리의 기쁨이 충만하게 하려 함이라
요한일서 1:1-4

요한은 이렇게 말하고 있습니다. "우리가 이것을 너희에게 쓰는 것은 너희가 예수님을 계시로 알게 되도록 하기 위함이다. 그러면 너희도 아버지와 또 우리와 사귐을 갖게 될 것이다. 우리가 이것을 쓰는 이유는 너희도 하나님과 사귐을 갖게 하려는 것이다." 이처럼 하나님과의 이런 친밀한 관계야말로 기독교 신앙의 진정한 목표이자 핵심입니다.

하나님께서 얼마나 당신을 사랑하시는지를 진정으로 이해한다면 그것이 하나님과의 관계를 더욱 깊게 해 줄 것입니다. 그리고 그분을 더 알아 갈수록 하나님께서 많은 것들을 계시해 주실 것입니다. 그리스도인의 삶에 속한 모든 것은 바로 이 관계에서 흘러나옵니다.

'영생'이라는 제목의 제 강의는 바로 이 주제를 다루고 있습니다. 만일 누군가에게 말씀을 전할 기회가 딱 한 번 주어진다면 저는 이 메시지를 전할 것입니다.

요한의 말은 이것입니다. "내가 이 글을 쓰는 것은 너희가 하나님에 대한 더 깊은 계시로 들어가고 그분과 교제하여 기쁨이

충만하게 되기를 바라기 때문이다." 세상뿐 아니라 교회에서도 사람들은 하나님과의 친밀한 관계는 제쳐둔 채 온갖 방법으로 기쁨을 얻으려 애쓰고 있습니다. 그러나 기쁨을 포함한 우리의 모든 필요는 하나님과의 살아 있고 성장하며 매일 지속되는 관계를 통해 옵니다. 결국 핵심은 하나님과의 관계입니다.

## 거꾸로 보는 것

그런 다음 요한은 표면적으로는 제가 지금까지 강조해 온 진리들과 모순되어 보일 수 있는 몇 가지 내용을 말했습니다.

> 우리가 그의 계명을 지키면 이로써 우리가 그를 아는 줄로 알 것이요                                                          요한일서 2:3

오늘날 그리스도의 몸 안에는 '영적 난독증'이라 불리는 상태가 존재합니다. 난독증은 사람들로 하여금 단어를 거꾸로 읽게 만듭니다. 예를 들어 난독증이 있는 사람은 G-O-D라는 단어를 D-O-G로 읽습니다. 하나님과 개는 전혀 다른 존재이지만 난독증이 있는 사람들의 마음속에서는 모든 것이 거꾸로 보입니다. 영적 난독증도 이와 같습니다.

영적 난독증은 전염되며 종교와의 밀접한 접촉을 통해 퍼집니다. 사람들이 요한일서 2장 3절과 같은 구절을 어떻게 뒤집어 해석하는지를 보면 정말 놀랍습니다. "나는 하나님을 알고 싶어. 그렇다면 무엇을 해야 할까? 그의 계명을 지켜야겠어. 그 계명을 지키면 그분을 알게 될 거야." 하지만 그것은 이 구절이 의미하는 바와 정반대입니다. 이 구절의 의미는 이렇습니다. "하나님의 계명을 지키면 하나님을 알게 되는 것이 아니라 하나님을 진정으로 알면 그분과의 교제 안에서 자연스럽게 그분의 계명을 지키게 되는 것입니다."

우리가 참으로 하나님과 교제하고 있고 하나님을 사랑하며 그분의 사랑이 우리를 통해 흘러가고 있다면, 그것을 모를 수 없습니다. 왜냐하면 그 결과로 다른 사람들을 사랑하게 되기 때문입니다.

**문제는 소통이 아니다**

오늘날 대부분의 결혼 세미나는 핵심을 완전히 놓치고 있습니다. 소통이나 감정 표현 등의 방법을 강조합니다. 물론 오해하지 마십시오. 소통은 중요합니다. 배우자와 전혀 대화하지 않는다면 분명히 관계에 지장을 줄 것입니다. 대화는 필요하지만 그것은 근본적인 문제의 부산물을 다루는 것에 불과합니다. 소통 자체가 문제는 아닙니다.

사람들은 이런 결혼 세미나에 참석해 소통하는 법을 배웁니다. 그들은 "터뜨려라, 쏟아 내라, 억누르지 말고 말해라, 다 풀어라."는 식의 지침을 받습니다. 심지어 쪽지나 편지를 어떻게 써야 하는지도 배웁니다. 그런데 오히려 분노와 증오를 더 잘 표현하게 되는 아이러니한 결과가 나타납니다. 많은 사람들이 기존 결혼 세미나에서 배운 소통법 때문에 오히려 문제가 더 심각해졌다고 말합니다. 제 세미나에 참석했던 사람들 중 일부는 이렇게 말했습니다. "소통하는 법을 배웠는데 그것이 오히려 우리 부부 사이를 망칠 뻔했어요!"

소통 자체가 문제는 아닙니다. 그것은 단지 문제의 한 증상일 뿐입니다. 진짜 문제는 사람들이 무엇보다 먼저 자신을 위한 하나님의 사랑을 받아들이지 못했다는 점입니다. 그래서 그들은 무조건적인 사랑이 무엇인지 알지 못합니다. 하나님은 자신들이 마땅히 받아야 할 것만 주신다고 생각하고 실수할 때마다 하나님께서 자신들을 거절하신다고 믿습니다. 그 결과 자신이 이해한 만큼만 다른 사람들에게 조건적인 방식으로 사랑을 주게 되고, 특히 배우자에게는 그런 경향이 더 뚜렷하게 나타납니다.

내가 가지지 못한 것은 줄 수 없습니다. 하나님의 무조건적인 사랑을 받아들이지 못한 사람은 다른 사람을 무조건적으로 사랑할 수 없습니다. 하나님의 무조건적인 사랑, 곧 행위에 근거하지 않은 그 사랑을 진정으로 경험하고 나면 배우자를 무조건적으로 사랑할 수 있게 될 것입니다.

하나님의 사랑에 대한 참된 계시를 받으면 그 사랑으로 배우자를 사랑할 수 있게 됩니다. 그리고 정말 배우자를 무조건적으로 사랑하게 되면 그것이 소통으로 자연스럽게 나타납니다. 누군가를 진심으로 사랑하면 그것은 반드시 전달된다는 아주 간단한 이치입니다.

## 차이점

이것이 바로 요한일서 2장 3절에서 말하는 바입니다. "나는 정말 하나님을 사랑하는가? 내 안에 정말 하나님의 사랑이 있는가?"라는 질문이 있다면 그 열매를 점검해 보아야 합니다(갈 5:22). 하나님의 사랑이 우리 안에 있으면 우리는 올바르게 살게 되고 다른 사람을 바르게 대하게 됩니다. 그러나 영적 난독증에 걸린 사람들은 종교적인 사고방식이 들어와 이렇게 생각합니다. "나는 하나님을 알고 싶어. 그래서 하나님의 계명을 지키려고 노력할 거야." 그들은 모든 것을 바르게 하려고 애쓰면서 그렇게 하면 하나님을 사랑하게 될 것이라고 생각합니다. 그러나 사실은 정반대입니다.

만약 당신이 하나님을 사랑하지 않고 있다면 억지로 하나님을 사랑하려 하거나 사람들을 더 잘 사랑하려고 애쓸 필요는 없습니다. 대신 이렇게 고백해야 합니다. "하나님, 저는 당신의 사랑을 제대로 알지 못하고 있다는 것이 분명합니다. 주님이 저를 얼마나 사랑하시는지를 진정으로 깨달았다면, 저는 사람들을 이렇게 대하지 않았을 것입니다. 당신과 친밀한 관계에 있었다면, 이런 행동을 하지 않았을 것입니다. 주님, 제가 당신을 알지 못한 것을 용서해 주세요. 저에게 주님을 계시해 주시고 주님의 무조건적인 사랑을 이해하고, 알고, 경험할 수 있도록 도와주소서."

하나님의 사랑으로 충만해지면 사람들을 이전보다 더 사랑으로 대하게 될 것이라고 저는 확신합니다. 만약 우리가 다른 사람을 사랑하라는 하나님의 계명을 지키지 못하고 있다면 그것은 우리가 하나님을 참으로 알지 못하고 있다는 증거입니다.

> 그를 아노라 하고 그의 계명을 지키지 아니하는 자는 거짓말 하는 자요 진리가 그 속에 있지 아니하되      요한일서 2:4

사람들은 이 말씀을 보고 이렇게 말합니다. "나는 거짓말하는 자가 되고 싶지 않아요. 진리 안에서 행하고 싶어요. 그렇다면 나는 하나님의 계명을 지켜야 돼요." 그러나 이 구절이 말하는 바는 그것이 아닙니다. 여기서 말하는 것은 하나님을 안다고 고백하면서도 그 고백이 다른 사람들을 향한 행동으로 드러나지 않는다면 스스로를 속이고 있다는 것입니다. 왜일까요? 하나님을 알 때, 곧 그분과 친밀한 관계를 맺을 때 우리는 다른 사람들을 사랑하게 될 것이기 때문입니다. 차이점을 이해하시겠습니까?

## 3D 이미지

> 누구든지 그의 말씀을 지키는 자는 하나님의 사랑이 참으로 그 속에서 온전하게 되었나니 이로써 우리가 그의 안에 있는 줄을 아노라                    요한일서 2:5

많은 사람들이 이 구절을 읽고 이렇게 말합니다. "나는 하나님의 사랑이 내 안에서 온전해지기를 원해요. 그래서 내가 해야 할 일은 그분의 말씀을 지키는 거예요. 내가 그분의 말씀을 지키면 하나님의 사랑이 내 안에서 온전해질 거예요." 그러나 그것은 이 구절이 말하는 바와는 정반대입니다. 하나님의 사랑이 내 안에서 온전해졌다면 그 사랑이 나로 하여금 그분의 말씀을 지키게 합니다.

이것은 이해하기만 하면 아주 단순한 것입니다. 하지만 이해하지 못하면 마치 벽에 걸린 3D 그림과도 같습니다. 겉보기에는 단순한 무늬처럼 보일 뿐이지만, 집중해서 바라보다 보면 어느 순간 입체 이미지가 튀어나옵니다. 그리고 그것이 한 번 보이기 시작하면 그다음부터는 계속 보입니다. 하지만 그 전에는 아무리 눈앞에 있어도 정작 그 속에 있는 숨겨진 그림을 보지 못할 수도 있습니다.

이 구절들도 마찬가지입니다. 사람들은 그것을 보고도 제대로 이해하지 못합니다. 그들은 요한일서 2장 3-5절이 말하는 것은

'하나님의 사랑을 얻기 위해 계명을 지켜야 한다'는 것이라 생각합니다. 그러나 실제로는 그 반대입니다. 우리가 하나님의 사랑을 이해하고 하나님과의 관계가 친밀하면 그 관계로 인해 계명을 지키게 된다는 뜻입니다. 거룩하게 사는 것은 하나님과의 관계에서 나오는 열매이지 뿌리는 아닙니다. 그것은 하나님을 아는 데서 나오는 자연스러운 열매입니다.

그래서 하나님께서 우리를 무조건적으로 사랑하신다는 계시를 먼저 받아들여야만 계명을 지킬 수 있습니다. "계명을 지키면 하나님이 당신을 사랑하시고 받아 주시며 기도에 응답하신다."라고 가르치는 것은 사람들이 할 수 없는 일을 하라고 요구하는 것과 같습니다. 우리에게 없는 것을 다른 사람에게 줄 수는 없습니다.

스스로에게 정직해지십시오. 영적 난독증에 걸려 있지는 않습니까? 무조건적인 하나님의 사랑에 대한 계시를 받으셨습니까?

## 20장

# 사랑의 동기

그리스도인의 삶은 어려운 것이 아닙니다. 불가능한 것입니다! 그것은 절대적으로 불가능하고 물리적인 차원에서도 불가능하며 인간의 힘으로는 도저히 감당할 수 없는 일입니다.

> 나는 너희에게 이르노니 악한 자를 대적하지 말라 누구든지 네 오른편 뺨을 치거든 왼편도 돌려 대며 또 너를 고발하여 속옷을 가지고자 하는 자에게 겉옷까지도 가지게 하며 또 누구든지 너로 억지로 오 리를 가게 하거든 그 사람과 십 리를 동행하고           마태복음 5:39-41

그것은 단지 어려운 정도가 아니라 도저히 불가능한 일입니다. 인간의 본성은 그렇게 반응하지 않습니다. 육신은 자신을 지키기 위해서라면 싸우거나 누군가를 해치는 등 어떤 일이든 하려

합니다. 그러나 하나님께서는 우리에게 도저히 할 수 없는 일들을 하라고 명하셨습니다.

그래서 무엇보다 먼저, 하나님과의 친밀한 관계가 있어야 합니다. 그다음에는 우리가 사는 것이 아니라 그리스도께서 우리 안에서 그리고 우리를 통해 사시는 것입니다(갈 2:20).

하나님과 친밀한 관계를 누리면서 그분의 완전한 사랑을 깨달으면, 내가 용서받았다는 사실 때문에 다른 사람을 기꺼이 용서할 수 있게 됩니다. 또한 하나님의 무조건적인 사랑을 받아들이면 자격 없는 사람들도 사랑할 수 있게 됩니다. 하나님께서 나 또한 그렇게 사랑하셨다는 사실을 알기 때문입니다. 그러나 대부분은 그렇게 살지 않습니다.

그런데 우리는 사람들에게 이렇게 말해 왔습니다. "좋은 일을 충분히 하면 하나님께서 너를 사랑하시고 받아들이실 것이며 모든 일이 잘 풀릴 것이다." 그러나 그것은 불가능한 일입니다. 사람들은 그 기준에 도달할 수 없습니다. 오히려 그것은 그들을 하나님에게서 멀어지게 만듭니다.

**깊이 패인 생각의 틀**

얼마 전 한 여성과 이야기를 나누었습니다. 그녀는 아버지가 자신을 오순절 교회에서 키웠다고 했고 어릴 적에 아버지가 방언하는 것을 들은 기억도 있다고 했습니다. 얼마 전에 그녀가 성령 세례를 받았을 때, 아버지는 너무 기뻐서 눈물을 흘렸습니다. 하지만 그는 다시 술에 빠져 있었고 여러 문제를 겪고 있었으며 주님을 섬기지 않고 있었습니다. 그녀는 저에게 그 일에 대해 어떻게 해야 하냐고 물었습니다. 그가 그렇게 된 이유를 제가 다 아는 것은 아니지만, 그가 평생 옳은 일을 하려고 애썼으나 결국 실패했던 것도 하나의 이유라고 생각합니다.

항상 옳은 일을 하는 것은 불가능합니다. 누구나 때때로 실패합니다. 그런데 그 아버지는 자신의 부족함 때문에 죄책감과 정죄에 시달리고 있었습니다. 그럼에도 그는 여전히 하나님께 민감하여 딸이 성령세례를 받았을 때 그의 두 뺨에 눈물이 흘렀습니다. 그는 이렇게 하나님을 사랑하면서도 자신이 그 기준에 도달하지 못한다고 느끼기 때문에 정죄감에 짓눌려 있는 것입니다.

하나님의 말씀이 그렇게 작동하도록 의도된 것은 아닙니다. 주님은 우리가 하나님과 친밀한 관계를 맺고 그분의 사랑을 받기를 바라십니다. 그때 그리스도의 사랑이 우리를 강권하게 됩니다(고후 5:14). 그리고 하나님의 사랑은 자연스럽게 우리를 통해 흘러가게 될 것입니다.

제가 지금 전하고 있는 내용을 사람들이 더 잘 이해할 수 있도록 설명할 방법이 있다면 좋겠습니다. 왜냐하면 이것은 많은 사람들이 오랫동안 생각해 온 방식과는 정반대이기 때문입니다. 우리는 이 내용을 반복해서 들어 왔기 때문에 마치 깊이 패인 흙길을 지나

갈 때마다 자연스럽게 바퀴 자국에 빠지는 것과도 같습니다. 사람들이 그 생각의 틀로 계속 빠져드는 이유는 그 말을 너무 자주, 너무 크게 그리고 너무 많이 들어왔기 때문입니다. 하지만 진리는 오늘날 대부분의 사람들이 생각하는 방식과는 다릅니다.

**대단한 섬김**

저는 8살 때 진심으로 회심했습니다. 다음 날 제가 아무 말도 하지 않았는데도 반 친구들이 제 안의 변화를 눈치채고 저를 놀릴 정도였습니다. 그리스도 안에서 새롭게 얻은 생명에는 즉시 열매가 맺혔습니다. 저는 그때 정말로 구원받았습니다. 저는 마음을 다해 주님을 사랑하고 있었지만, 하나님께서 저를 사랑하시게 하려면 제가 무언가를 해야 한다고 생각했기 때문에 늘 무언가를 하고 있었습니다. 그러나 하나님의 사랑에 대한 계시는 저에게 없었습니다. "하나님은 저를 사랑하십니다."라고 말할 수는 있었지만, 그 의미를 정말로 이해하지는 못했습니다. 하나님의 사랑이 조건 없는 사랑이라는 사실을 깨닫지 못했던 것입니다. 그것을 알았다면 하나님께서 저를 더 사랑하시게 하려고 그렇게 애쓰지는 않았을 것입니다.

저는 교회에서 예배가 있을 때마다 늘 스스로를 '다시 헌신' 하곤 했습니다. 특별 집회가 일주일 내내 열려도 매번 앞으로 나아갔습니다. '재헌신 측정기' 같은 게 있었다면 아마 닳아 없어졌을 것입니다. 저는 늘 하나님을 구하고 있었지만, 하나님께서 저를 사랑하시게 하려면 제가 무언가를 해야 한다고 생각하고 있었습니다.

저는 본래 내성적인 성격이라 사람들과 얼굴을 마주하고 대화하는 것 자체가 어려웠습니다. 제가 고등학생 때는 길에서 누군가 "좋은 아침이에요."라고 인사하면 두 블록쯤 지나서야 겨우 대답이 나올 정도였습니다. 사람들과 말하는 것이 저에게는 참으로 힘든 일이었습니다.

저의 그런 성격 때문에 어려움들이 있었지만, "선한 일들을 충분히 하면 하나님께서 너를 받아 주실 것이다."라는 말을 듣고 전도 훈련 과정을 이수했습니다. 그리고 매주 목요일 밤마다 스스로 마음을 다잡고 성인 대상 방문 전도 사역에 참여하여 집마다 문을 두드리며 복음을 전했습니다. 그 열정이 커져서 그 일 외에도 청소년을 위한 화요일 저녁 심방 모임까지 따로 시작하게 되었습니다.

열네 살 때는 다른 사람들에게 복음을 전하는 방법을 가르쳤고 매주 서너 사람씩 주님께 인도했습니다. 그들에게 저를 따라 기도하게 한 뒤, 교회로 돌아가 제가 한 일을 사람들 앞에서 자랑하며 인정받으려 했습니다. 저는 이렇게 화요일과 목요일 밤 전도 모임, 매일 성경 읽기, 교회의 모든 예배에 빠짐없이 참석하는 등의 일을 하면서 제가 '대단한 섬김'을 하고 있다고 생각했고 하나님께서 저를 사랑하시게 하려고 애쓰고 있었습니다.

## 하루 종일 애쓰던 시절

그러던 중 1968년 3월 23일, 하나님께서 저에게 자신의 사랑을 계시해 주시는 경험을 하게 되었습니다. 먼저 저의 자기 의와 제가 자랑스럽게 여기던 모든 것들이 하나님께는 거슬리는 것이었음을 보여 주셨습니다. 저는 저 자신과 저의 선함을 신뢰하고 있었던 것입니다. 정말로 그때는 하나님께서 저를 죽이실지도 모른다고 생각했습니다. 한 시간 반 동안 저는 제 속을 다 쏟아 내듯 모든 죄를 고백하며 "하나님, 죄송합니다!"라고 외쳤습니다. 제가 얼마나 잘못되어 있었는지, 얼마나 종교적인 바리새인이었는지를 그전에는 전혀 알지 못했습니다. 그래서 저는 그것들을 모두 회개했고 솔직히 그날 밤 하나님께서 저를 없애 버리실 거라 생각했습니다.

저의 상태가 얼마나 형편없는지를 깨달았을 때 하나님께서도 그제야 아신 줄로 생각했습니다. 당시 제가 가지고 있던 논리는 하나님께서 우리의 행위에 따라 우리를 대하신다는 것이었기에 저는 마땅히 죽임을 당해도 되는 사람이었습니다. 그래서 저는 하나님께서 정말 저를 없애신다 해도 지옥이 아니라 천국에 가게 되기를 바라는 마음으로 모든 것을 고백했습니다. 그런데 놀랍게도 그렇게 모든 것을 고백한 후에 하나님의 사랑이 약 4개월 반 동안 제 삶에 부어지기 시작했습니다. 저는 마치 어디론가 사라져 버린 사람처럼 하나님의 사랑 안에 완전히 휩싸여 있었습니다.

하나님께서 저를 사랑하신다는 것이 말로만이 아니라 실제로 느껴졌습니다. 정말 놀라운 경험이었습니다!

그때 처음으로 저를 향한 하나님의 사랑이 무조건적이라는 사실을 알게 되었습니다. 그 사랑을 받을 자격이 저에게는 전혀 없다는 것도 깨달았습니다. 그리고 제가 무엇을 하든 하나님께서 저를 사랑하지 않게 되는 일은 결코 없다는 사실도 분명히 알게 되었습니다. 저를 향한 하나님의 사랑은 저의 자격이나 어떤 조건과도 무관한 것이었습니다. 제가 해야 할 일은 단 하나, 그 사랑을 받아들이거나 거절하는 것뿐이었습니다. 그러나 하나님께서는 저의 자격과는 상관없이 열정적으로 그리고 완전하게 저를 사랑하고 계셨습니다.

그 사실을 깨달았다고 해서 하나님을 섬기려는 마음이 약해진 것은 아니었습니다. 다만 저는 화요일과 목요일 밤에 하던 심방 전도는 그만두었습니다. 매주 몇 차례씩 전도하러 나가 사람들을 교회로 초대하고 있었지만 동시에 매일 수백 명이 제 곁을 그냥 지나치고 있다는 사실을 깨달았기 때문입니다. 그래서 특정한 요일에만 전도하러 나가던 것을 그만두고 이제는 움직이는 사람이 눈에 보이면 누구에게든 말을 걸기 시작했습니다. 해가 뜰 때부터 질 때까지 전도했고 하루에 백 집이 넘는 문을 두드리기도 했습니다.

한때 저는 이런 결단을 한 적이 있습니다. 마주치는 모든 사람에게 한 명도 빠짐없이 예수님에 대해 말하겠다고 다짐했습니다.

저는 그 결단을 거의 1년 가까이 지켜 냈습니다. 그러다 마침내 베트남전에 징집되었습니다. 어느 날, 차렷 자세로 서 있었는데 수백 명이 제 앞을 지나갔지만 저는 그들에게 말을 걸 수 없었습니다. 그 순간 저는 하나님께 이렇게 말씀드렸습니다. "하나님, 이 약속은 지키기 어려울 것 같습니다. 현실적으로는 불가능합니다." 그래도 처음 1년 동안은 만나는 모든 사람에게 복음을 전하려고 애썼습니다.

식당에 가면 저는 일어서서 식당에 있는 모든 사람들의 음식을 위해 큰 소리로 축복 기도를 하곤 했습니다. 사람들이 저를 쳐다보면 저는 "당신들의 음식도 축복이 필요하잖아요!"라고 말했습니다. 저의 행동이 불쾌하게 느껴졌을 수도 있었지만 그렇게 해서 거듭나는 사람들도 있었습니다. 편의점에서 담배나 술을 들고 나오는 사람을 보면 저는 "당신은 지옥 갑니다. 회개하세요!"라고 말하곤 했습니다. 분명 율법적인 방식이었지만 그 동기는 사랑이었습니다. 다만 저는 다른 방법을 몰랐습니다. 제가 접했던 사람들은 모두 그렇게 하고 있었기 때문입니다.

**같은 행동, 다른 동기**

그 이후로 저는 더 이상 하나님께 사랑받기 위해 무엇인가를 해야 한다고 생각하지 않게 되었습니다. 하나님께서 저를 사랑하신다는 것을 깨달았기 때문입니다. 그 순간 저는 즉시 사람들에게 복음을 전하기 시작했고 그 사랑을 나누는 일에 저의 삶을 쏟아부었습니다. 이렇듯 하나님께서 우리를 얼마나 사랑하시는지를 진정으로 알게 되면 우리는 하나님과 사랑에 빠지게 됩니다. 그런 사람에게는 복음을 전하라고 따로 말할 필요조차 없습니다.

많은 목회자들이 교회 성도들에게 전도를 독려하는 것에 어려움을 겪고 있습니다. 그들은 이렇게 외칩니다. "복음을 전하십시오! 직장에서 예수님 이야기를 하십시오! 하나님에 대해 담대하게 말하십시오! 왜 침묵하십니까?" 그러나 그것은 단지 겉으로 드러난 증상일 뿐입니다. 진짜 문제는 성도들이 하나님의 사랑을 진정으로 받아들이지 못했다는 데에 있습니다. 하나님께서 자신들을 얼마나 사랑하시는지를 깊이 알지 못하는 것입니다. 만약 그 사랑을 정말로 알게 된다면 결코 입을 다물고 있을 수 없을 것입니다!

어떤 목회자들은 정죄감을 이용하여 이렇게 말합니다. "전도하지 않으면 언젠가 하나님 앞에 섰을 때 당신의 면류관에는 별 하나 없이 부끄러움을 당하게 될 것입니다." 이런 말은 사람들로 하여금 전도를 하러 나가게 만들 수는 있지만, 그들이 전도하는 이유는 사람들을 사랑해서가 아니라 자기 자신을 사랑하기 때문입니다. 하나님 앞에서 부끄러움을 당하고 싶지 않기 때문입니다. 그러나 두려움과 정죄감에서 비롯된 전도는 결국 사랑 없이 울리는 꽹과리 같은 소리로 들릴 뿐입니다(고전 13:1). 그 안에는 사랑이 없습니다.

사람들은 이른바 '종교적인 광신자들' 때문에 기분이 상하고 마음을 닫아 버립니다. 그들은 길거리에서 이렇게 외칩니다. "회개하지 않으면 멸망합니다! 돌아서지 않으면 지옥 불에서 타게 될 것입니다!" 그런데 사실 그들 대부분은 광신자들이 아닙니다. 문제는 그들의 전도가 사랑에서 비롯된 것이 아니라는 점입니다. 그들은 하나님의 사랑과 호의를 얻어내기 위해 전도하고 있는 것입니다.

우리는 성도들에게 하나님의 사랑에 대해 말해 주어야 합니다. 하나님께서 얼마나 선하신 분이신지를 알게 해 주어야 합니다. 만약 성도들이 그 계시를 받게 된다면 저절로 전도하게 될 것입니다. 핵심은 동기입니다. 성도들이 같은 행동을 하되 그것이 전혀 다른 동기에서 비롯되기를 바라는 것입니다.

## 옛 계명인가, 새 계명인가

> 사랑하는 자들아 내가 새 계명을 너희에게 쓰는 것이 아니라 너희가 처음부터 가진 옛 계명이니 이 옛 계명은 너희가 들은 바 말씀이거니와 다시 내가 너희에게 새 계명을 쓰노니 그에게와 너희에게도 참된 것이라 이는 어둠이 지나가고 참빛이 벌써 비침이니라
> 요한일서 2:7-8

이 말씀은 조금 혼란스럽게 들릴 수도 있습니다. "이것은 새 계명이 아닙니다. 옛 계명입니다. 처음부터 들어 온 바로 그 말씀입니다"라고 말했는데 그는 곧이어 "이것은 새 계명입니다"라고도 합니다. 도대체 무엇입니까? 옛 계명입니까, 새 계명입니까? 둘 다입니다.

그가 말하고자 하는 것은 그 규칙들 자체가 바뀐 것은 아니라는 뜻입니다. 하나님을 사랑하고, 그분을 예배하며 말씀을 묵상하고 기도하면서 그분을 구하는 삶을 살아야 한다는 점은 여전히 동일합니다. 사람들을 사랑하고 바르게 대해야 한다는 것도 마찬가지입니다. 이 모든 것은 구약에서도 이미 말씀하신 내용입니다. 그러나 이제는 그 동기가 달라졌기 때문에 이것은 완전히 새 계명이라는 것입니다. 하나님께서 이제 우리에게 말씀하시는 것은 그분을 사랑하고 사람들을 사랑하라는 것입니다. 그리고 우리가 그렇게 할 때 그 외의 일들은 자연스럽게 따라오게 될 것입니다.

당신이 누군가를 진정으로 사랑한다면 결코 그 사람에게 거짓말하지 않을 것입니다. 거짓말을 한다는 것은 그 사람을 조종하는 것이며 사실을 왜곡하여 그 사람을 이용하는 것입니다. 누군가를 진정으로 사랑한다면 그 사람에게 거짓 정보를 주어 잘못된 행동을 하게 만들지는 않을 것입니다. 그것은 결국 그 사람을 어리석은 사람으로 만들고 이용하는 것이 됩니다. 거짓말은 철저히 자기 사랑에서 비롯된 행동입니다. 다른 사람을 전혀 배려하지 않는 것입니다. 단지 그 사람을 이용하기 위해 필요한 일을 하고 있을 뿐입니다.

또한 누군가를 정말로 사랑한다면 그 사람의 물건을 훔치지 않을 것입니다. 누군가로부터 무언가를 훔친 적이 있다면, 그것이 직장 상사든 부모든 친구든 낯선 사람이든 그 사람이 어떻게 되든 전혀 안중에도 없었다는 뜻입니다. 그들이 어떤 상황에 있든 알지도 못하고 알고 싶지도 않았던 것입니다. 단지 어떤 물건을 원했고 그것을 얻기 위해 훔친 것입니다. 그런 행동은 철저히 자기 자신만을 생각하는 것입니다. 모든 도둑질은 오직 자기 사랑에서 비롯된 것입니다. 그것은 결코 다른 사람을 사랑하는 것이 아닙니다.

**하나님의 사랑을 받으라**

사람들을 진심으로 사랑하는 사람은 남의 험담을 하거나 뒤에서 상처가 될 만한 말을 하지는 않을 것입니다. 만약 그렇게 하다가 들키면 갑자기 부끄러워져서 다시는 그런 말을 하지 않으려 할 수도 있습니다. 그러나 그것은 그 사람을 생각해서가 아니라 자기 체면이 깎였기 때문입니다. 남의 이야기를 퍼뜨리는 사람들은 다른 사람에 대한 배려가 전혀 없습니다. 그들은 오직 자기 자신만을 생각하며 자신에게 이익이 되거나 그저 하고 싶은 말이라면 아무 말이나 합니다. 그런 사람들은 그 일이 자기에게 손해가 되거나 자신을 나쁘게 보이게 만들 때에만 불편함을 느낍니다.

우리가 정말로 사람들을 사랑한다면, 뒷말을 하거나 훔치거나 거짓말을 하거나 지금처럼 그들을 대하지 않을 것입니다. 우리가 하나님을 진심으로 사랑한다면, 교회 지도자들이 굳이 우리에게 말씀을 공부하라고 하거나 믿는 사람들과 함께 모이라고 하거나 다른 어떤 일들을 하라고 강요할 필요가 없을 것입니다. 결국 우리는 여전히 사람들에게 '하나님을 사랑해야 하며 이 모든 일들을 해야 한다'고 말하고 있다는 점입니다.

하지만 이제 우리는 전혀 다른 동기를 갖게 되었습니다. 저는 사람들이 하나님을 섬기지 않아도 되거나 예수님을 전하지 않아도 된다고 말하는 것이 아닙니다. 제가 말하려는 핵심은 우리가 먼저 하나님의 사랑을 받아야 한다는 것입니다. 우리가 아무리 옳은 일을 다 해낸다 해도, 주님이 우리를 더 사랑하시는 것은 아니며 반대로 모든 것을 잘못한다고 해서 우리를 덜 사랑하시는 것도 아니라는 것을 알아야 합니다. 우리가 이것에 대한 계시를 받고 하나님의 사랑을 진정으로 받는다면 그 사랑이 우리를 거룩하게 살도록 할 것입니다.

## 21장

# 하나님은 마음을 보신다

사랑하는 자들아 우리가 서로 사랑하자 사랑은 하나님께 속한 것이니 사랑하는 자마다 하나님으로부터 나서 하나님을 알고            요한일서 4:7

어떤 사람들은 이 구절을 읽고 이렇게 말합니다. "나는 하나님으로부터 나고 싶고 하나님을 알고 싶어. 그렇다면 어떻게 해야 할까? 아, 사람들을 사랑해야겠구나." 그러나 이 말씀은 그 반대를 말하고 있습니다. 이것은 우리가 하나님을 알게 되면 하나님으로부터 나게 되고 다른 사람들을 사랑하게 된다는 뜻입니다. 계명을 지키는 것과 이와 같은 일들은 하나님과의 관계에서 흘러나오는 결과이지 하나님과 관계를 맺기 위한 방법이 아닙니다.

> 사랑하지 아니하는 자는 하나님을 알지 못하나니 이는 하나
> 님은 사랑이심이라                          요한일서 4:8

어떤 사람들은 이 구절을 읽고 이렇게 말합니다. "나는 하나님을 알고 싶어. 그러면 내가 뭘 해야 하지? 아, 다른 사람들을 사랑해야겠구나." 그러나 이 말씀은 그 반대입니다. 이것은 우리가 하나님의 사랑을 이해하고 하나님을 알게 되면 결국 다른 사람들을 사랑하게 될 것이라는 의미입니다. 하나님은 사랑이시기 때문입니다. 하나님으로 충만해지면 사랑으로도 충만해질 것입니다. 얼마나 단순한 진리입니까?

## 먼저 받고, 그다음에 주라

> 하나님의 사랑이 우리에게 이렇게 나타난 바 되었으니 하나님이 자기의 독생자를 세상에 보내심은 그로 말미암아 우리를 살리려 하심이라 사랑은 여기 있으니 우리가 하나님을 사랑한 것이 아니요 하나님이 우리를 사랑하사 우리 죄를 속하기 위하여 화목 제물로 그 아들을 보내셨음이라
>                                              요한일서 4:9-10

참으로 위대한 진리입니다. 우리가 먼저 하나님을 사랑하고

나서 그분이 우리를 사랑하시는 것이 아닙니다. 하나님께서 먼저 우리를 사랑하셨습니다. 먼저 하나님의 사랑을 받아야 그 사람 다음에 하나님을 사랑하고 사람들을 사랑할 수 있습니다.

우리에게 없는 것은 나눌 수 없습니다. 하나님께서 우리를 부당하게 대하신다고 생각한다면, 우리는 다른 사람을 바르게 대할 수 없습니다. 하나님께서 우리의 행위에 따라 우리를 대하신다고 생각한다면, 결국 우리도 다른 사람들에게 그들이 마땅히 받아야 한다고 여기는 대로 대하게 될 것입니다. 그러면 우리는 차갑고 냉혹한 사람이 되어 갑니다.

저는 최근에 어떤 사람이 율법적인 종교 교육을 받았다는 이야기를 들었습니다. 그 사람은 원래 다정한 사람이었는데 냉정하고 차가운 사람으로 변해 버렸습니다. 그것이 바로 종교가 하는 일입니다. 그들은 하나님을 엄격한 분으로 가르치기 때문입니다.

어떤 바이블 칼리지에서는 남자들이 손목까지 오는 소매를 입지 않으면 '지옥에 간다'고 말합니다. 제가 아는 한 학교에서는 어떤 사람이 진홍색 셔츠를 입었다는 이유로 퇴학을 시킨 적이 있습니다. 그것이 '짐승의 색'이기 때문이라는 것입니다. 이것은 전형적인 율법주의입니다. 하나님은 우리의 옷차림 때문에 우리에게 진노하지 않으십니다.

## 헤어스타일, 장신구 그리고 화장

'화장을 해서는 안 된다' 거나 '장신구를 착용해서는 안 된다' 고 말하는 사람들은 베드로전서 3장을 근거로 그렇게 주장합니다. 그 구절에는 이렇게 기록되어 있습니다.

> 너희의 단장은 머리를 꾸미고 금을 차고 아름다운 옷을 입는 외모로 하지 말고                    베드로전서 3:3

그들은 '머리를 화려하게 꾸미거나 금과 같은 장신구를 착용해서는 안 된다' 고 말합니다. 그러나 그 구절은 이어서 이렇게 말씀하고 있습니다.

> 옷을 입는 것도 그와 같으니                    베드로전서 3:3

그렇다면 우리가 옷을 입지 말아야 한다는 뜻일까요? 물론 그렇지 않습니다! 이 본문은 단지 '외적인 부분에 집중하지 말라는 점' 을 강조하고 있는 것입니다.

저는 예전에 오순절 교회 여성들이 화장도 하지 않고 금속 장신구도 착용하지 않은 채 자신의 붉은 뺨을 감추기 위해 파우더를 다섯 겹이나 덧바르는 모습을 본 적이 있습니다. 그들은 원래 뺨이 붉은 사람들이었는데 일부러 밋밋하고 못생겨 보이려고 애쓰고 있었던 것입니다. 제 개인적인 생각으로는 화장이 필요하다면 하셔야죠. 두 번 덧발라야 할 정도라면 두 번 하셔도 괜찮습니다. 그러나 이 본문이 말하고자 하는 것은 그런 것이 아닙니다.

**거룩한 삶**

> 사랑하는 자들아 하나님이 이같이 우리를 사랑하셨은즉 우리도 서로 사랑하는 것이 마땅하도다 어느 때나 하나님을 본 사람이 없으되 만일 우리가 서로 사랑하면 하나님이 우리 안에 거하시고 그의 사랑이 우리 안에 온전히 이루어지느니라
> 요한일서 4:11-12

혹시 이렇게 생각하실지도 모릅니다. '나는 하나님께서 내 안에 거하시고 그분의 사랑이 내 안에서 온전히 이루어지기를 원해. 그러려면 어떻게 해야 하지? 그래, 서로 사랑하면 되겠네!' 그런데 사실 이 구절은 정반대의 의미를 말하고 있습니다. 하나님의 무조건적인 사랑을 받아들이고 그 사랑이 우리 안에 거하도록 허용하면 우리는 자연스럽게 다른 사람들을 사랑하게 될 것입니다.

> 그의 성령을 우리에게 주시므로 우리가 그 안에 거하고 그가 우리 안에 거하시는 줄을 아느니라 아버지가 아들을 세상의

구주로 보내신 것을 우리가 보았고 또 증언하노니 누구든지 예수를 하나님의 아들이라 시인하면 하나님이 그의 안에 거하시고 그도 하나님 안에 거하느니라 하나님이 우리를 사랑하시는 사랑을 우리가 알고 믿었노니 하나님은 사랑이시라 사랑 안에 거하는 자는 하나님 안에 거하고 하나님도 그의 안에 거하시느니라　　　　　　　　　　　요한일서 4:13-16

이 진리에 대해 더 많은 설명을 덧붙일 수도 있겠지만 핵심을 이해하지 못하면 요한일서는 마치 우리가 무엇인가를 해야 하나님께서 그에 반응하신다는 뜻으로 보일 수 있습니다. 그러나 실상은 오히려 그 반대를 말하고 있습니다. 이 구절이 말하는 것은 진정으로 하나님을 알게 되면 결국 거룩한 삶을 살게 된다는 것입니다.

**행동이 증거다**

거룩하게 산다고 해서 하나님의 은총을 더 얻는 것은 아니지만, 그것은 우리의 삶에 하나님의 임재가 있다는 증거가 됩니다. 어떤 사람이 와서 "아, 저는 하나님을 알아요. 하나님과 저는 아주 가까워요. 저는 그분과 교제하고 마음을 다해 사랑하고 있어요. 우리는 가장 친한 친구예요!"라고 말한다 해도 그 사람이 헌금에 있어 하나님을 신뢰하지 않고 거짓말을 하고 도둑질하고 간음을 일삼는 삶을 살고 있다면 그리고 그것이 한 번의 실수가 아니라 그의 삶의 방식이라면, 그가 무슨 말을 하든 저는 그런 말을 믿지 않습니다. 그런 삶에는 하나님께서 함께하신다는 어떤 흔적도 보이지 않습니다.

"워맥 목사님, 그러면 당신이 말한 것들이 다 무효가 되는 것 아닌가요?" 아닙니다. 이것은 완벽한 균형입니다. 우리의 거룩함이 하나님으로 하여금 우리를 사랑하시게 만드는 것은 아니지만, 하나님이 우리 안에 거하시고 우리가 그분 안에 거한다면, 그분의 사랑은 우리를 거룩하게 살도록 이끌 것입니다. '거룩하게 산다'는 것이 어떤 종교 집단에서 말하는 기준이나 원칙을 모두 지키는 것을 의미하는 것은 아닙니다. 그들이 거룩하다고 말하는 것들이 반드시 거룩한 것은 아닙니다. 그러나 하나님의 사랑은 우리로 하여금 하나님을 사랑하고 사람들을 사랑하도록 이끕니다.

"나는 정말 하나님을 안다. 우리의 관계는 훌륭하다."라고 말하면서도 성미가 고약하고 다른 사람을 사랑하지 않고 타인을 위해 아무것도 하지 않으며 오직 자기 생각만 하는 사람이라면 그가 하나님을 사랑한다고 말해도 저는 믿지 않습니다. 사람들의 필요를 보면서도 아무 관심도 보이지 않는다면 그 고백은 진실이라 할 수 없습니다. 성경은 이렇게 말합니다.

> 누가 이 세상의 재물을 가지고 형제의 궁핍함을 보고도 도와
> 줄 마음을 닫으면 하나님의 사랑이 어찌 그 속에 거하겠느냐
>
> 요한일서 3:17

하나님을 사랑한다고 말할 수는 있지만 그분의 사랑이 정말 그 사람 안에 거하고 있는지는 그의 삶에 나타나는 행동을 보면 알 수 있습니다.

## 종교인가, 참된 믿음인가?

하나님의 축복을 받기 위해 이런 일들을 해야 하는 것이 아닙니다. 바르게 살고 사람들을 친절히 대하며 배우자를 사랑하는 것 등은 하나님과의 관계에서 흘러나오는 결과라는 것을 깨달아야 합니다. 하나님께 사랑받기 위해 애써 다른 사람에게 잘하려 하지 마십시오. 쉽게 화를 내고 욱하는 성격이라면 그보다 먼저 깨달아야 할 것이 있습니다. 이렇게 고백하십시오. "아버지, 제가 이렇게 행동하는 이유는 제가 정말로 주님을 알지 못하기 때문입니다. 저는 주님의 사랑을 진정으로 받아들이지 못했습니다. 제가 다른 사람들을 그렇게 대하는 이유는 주님이 저를 그렇게 대하신다고 생각하기 때문입니다. 주님, 저에게 주님의 사랑에 대한 계시가 필요합니다." 지금까지 우리가 나눈 진리들, 당신의

모든 죄가 이미 대속되었고 하나님께서 당신에게 진노하지 않으신다는 진리를 묵상한다면 주님이 그분의 사랑을 계시해 주실 것입니다. 하나님을 열정적으로 사랑하게 되어 그분의 사랑이 당신의 삶에 흐르기 시작하면 그것이 거룩한 삶으로 이끌 것입니다.

> 그러나 이제는 너희가 죄로부터 해방되고 하나님께 종이 되어 거룩함에 이르는 열매를 맺었으니 그 마지막은 영생이라
> 로마서 6:22

거룩함은 구원의 뿌리가 아닙니다. 열매입니다. 바로 이 점에서 종교는 길을 잘못 들어섰습니다.

> 사람은 외모를 보거니와 나 여호와는 중심을 보느니라
> 사무엘상 16:7

이 말씀은 어떤 것이 종교이고 어떤 것이 참된 그리스도인 삶인지를 분별할 수 있는 한 가지 기준을 제시합니다. 종교는 언제나 외적인 것에 집중합니다. 겉모습을 고치라고 하며 이것저것 하지 말라고 요구합니다. 왜냐하면 인간은 겉을 보고 그것을 기준으로 판단하기 때문입니다. 그들은 마음에는 별로 관심이 없습니다. 당신이 교회에 나오고, 십일조를 내고, 그들이 원하는 복장을 하고 있기만 하면 평일에 무엇을 하든 상관하지 않습니다. 종교적인

사람들에게는 당신의 마음이 올바른지가 중요하지 않습니다. 이렇듯 종교는 겉모습만 다루지만 하나님은 마음을 다루십니다.

주님은 당신의 마음에 들어오셔서 그 마음을 만지시고, 당신에게 그분의 사랑을 계시해 주기를 원하십니다. 그 일이 일어나기만 하면 나머지는 자연스럽게 따라올 것입니다.

## 짧은 반바지와 민소매

아내 제이미와 저는 텍사스주 차일드리스Childress에서 작은 교회를 섬기고 있었습니다. 어느 날, 우리는 소그룹과 함께 공원에 놀러 갔습니다. 그곳에서 한 가족을 만났습니다. 남편과 아내 그리고 두 살 된 딸이 있었고 그들은 트럭 짐칸에서 생활하고 있었습니다. 알고 보니 그들은 지난 3년간 누디스트 콜로니(나체 공동체)에서 살다가 이제 막 그곳을 나온 상태였습니다. 가진 돈도 없었고 연료마저 떨어진 상황이었습니다. 그래서 우리에게 다가와 먹을 것을 좀 달라고 했습니다.

우리는 그들에게 음식을 주고 복음을 전하기 시작했습니다. 그들은 며칠 동안 씻지 못한 상태였기에 우리 교회 사람들이 그들을 집으로 데려가 씻게 해 주고 옷과 필요한 것들을 챙겨 주었습니다. 우리는 그 부부를 주님께 인도했습니다. 그들은 거듭났고 교회에도 나오기 시작했습니다.

이 여성은 외모가 수려하고 몸매가 눈에 띄는 사람이었습니다. 그들은 누디스트 콜로니에서 오래 살았기 때문에 그녀는 짧은 반바지와 끈으로 목에 거는 민소매 상의밖에 없었고 그래서 그 옷을 입고 교회에 왔습니다. 예배 시간에 우리는 원형으로 앉아 있었는데 그녀는 계속 뛰면서 하나님을 찬양했습니다. 그렇게 하다 보니 워낙 노출이 심해서 굳이 상상할 것도 없었습니다.

이 일이 교회 다른 사람들에게 문제가 되자 몇몇 사람이 저에게 와서 이렇게 말했습니다. "그 자매님에게 옷을 좀 더 입으시라고 말씀 좀 해 주세요." 저는 이렇게 대답했습니다. "그 자매님이 거듭나기 전에는 그런 말을 하지 않았잖아요. 덮을 것을 건네며 '옷을 더 걸치지 않으면 하나님께서 당신을 구원하지 않으실 거예요.'라고 말하지도 않았어요. 그분에게 시간을 좀 줍시다. 이제 막 구원받은 사람이에요. 하나님께서 그녀를 사랑하신다는 사실을 마음껏 누리게 해 주세요. 주님이 그녀에게 알려 주실 겁니다. 그러나 그때까지 저는 그녀를 정죄하지 않을 것입니다."

그래서 우리는 그 여성이 계속 교회에 다닐 수 있도록 했습니다. 그 후 오래 지나지 않아 그녀는 제 아내가 인도하는 성경 공부에 참석했습니다. 그녀가 교회의 여성도들에게 이렇게 말했습니다. "저는 평생 원피스를 한 번도 가져본 적이 없어요. 원피스가 있으면 정말 좋겠어요. 저를 위해 기도해 주시겠어요?" 그들은 그녀를 위해 기도해 주었을 뿐 아니라 성경 공부가 끝난 지 한 시간도 채 되지 않아 그 여성에게 목까지 올라오고 발끝까지 내려오는 원피스를 열두 벌이나 가져다주었습니다. 그날 밤, 그녀는 교회에 새 원피스를 입고 와서 선보이며 하나님을 찬양했습니다. "주님이 하신 일을 보세요!" 아무도 그녀에게 "하나님은 당신의 옷차림 때문에 화가 나셨어요. 그래서 당신을 사랑하지 않으십니다"라고 말하지 않았지만 결국 모든 일이 은혜롭게 해결되었습니다.

대부분의 사람들은 "좀 가리고 다니세요!"라고 말했을 것입니다. 하지만 하나님께서 그녀를 사랑으로 품고 인도하시며 때가 되면 직접 말씀하실 수 있도록 내버려두지는 못하는 것입니다. 그녀와 그녀의 남편은 기적적으로 구원을 받았고 놀라운 일들이 일어나고 있었지만, 삶 전체가 완전히 바뀌는 데에는 시간이 조금 걸립니다. 그런데 종교는 겉모습만을 다루려고 합니다. 우리는 그들에게 우리의 옷을 입히고 우리가 원하는 모습대로 생기 없고 단조로운 모습으로 만들려고 합니다. 단지 우리의 기분을 좋게 하려는 것일 뿐, 정작 그들의 마음에서 어떤 일이 일어나는지는 전혀 관심 두지 않습니다. 그러나 주님은 그렇지 않으십니다.

하나님은 짧은 반바지와 민소매 차림으로 교회에 온 그녀를, 그런 옷을 한 번도 입어 본 적 없는 수많은 그리스도인들보다 더 기뻐하셨습니다. 왜일까요? 그녀의 마음이 하나님 앞에서 진실했기 때문이었습니다. 그녀는 예수님을 사랑했고 그분을 예배하고 있었습니다. 하나님은 그녀의 마음을 보시고 "놀랍구나!"라고 하셨을 것입니다.

**하나님은 끝내주는 분이에요!**

한번은 제가 피닉스에서 설교하고 있었는데 앞줄에 앉은 한 여성이 너무나 흥분한 나머지 말 그대로 위아래로 껑충껑충 뛰고 있었습니다. 쉬는 시간에 저는 그녀에게 다가가 말을 걸었고, 그녀는 거듭난 지 한 달도 채 안 됐다고 했습니다. 그래서 저는 그녀에게 간증을 부탁했습니다.

그녀는 앞에 나와 이야기하기 시작했는데 서너 마디마다 비속어가 섞여 있었습니다. 그녀는 내내 거친 욕설을 섞어 말했고 말 끝마다 비속어가 튀어나왔습니다. 저도 들어본 적 없는 말들을 마구 쏟아 냈습니다! "하나님은 끝내주는 분이에요. 섹스보다 낫고 마약은 비교도 안 돼요!" 그녀는 듣는 사람이 얼굴을 붉힐 만큼 거친 말들을 쏟아내며 하나님이 얼마나 놀라우신지를 이야기했습니다.

사람들이 동요하자, 그녀가 저에게 물었습니다. "제가 뭔가 잘못 말했나요?"

저는 웃으며 대답했습니다. "아니요, 아주 잘하고 있어요." 그래서 그녀는 간증을 마무리했습니다.

나중에 몇몇 사람들이 저에게 와서 말했습니다. "왜 그녀에게 그만하라고 하지 않으셨나요?" 그것은 전형적인 종교적 사고방식입니다. 비속어를 써야 한다는 뜻은 아닙니다만 하나님은 그녀의 마음을 보고 계셨고 그녀는 그리스도인들이 그런 말하지 않는다는 걸 몰랐을 뿐입니다. 이듬해에 제가 다시 그곳에 갔을 때, 그녀가 저에게 와서 말했습니다. "정말 죄송해요! 그때 저는 막 거듭났고, 그리스도인들이 그런 말을 안 한다는 걸 몰랐어요. 저는 다들 그렇게 말하는 줄 알았어요!" 그녀도 이제는 알게 된 것이지요.

비속어는 절대 쓰지 않지만, 하나님께 아무런 열정도 없는 그리스도인들이 많습니다. 하나님은 오히려 비속어를 쓰면서도 하나님이 얼마나 좋으신지를 간증한 그 여성을 더 기뻐하셨습니다. 종교적인 사람들은 형식은 갖추었을지 몰라도 하나님을 알지 못합니다. 하나님을 기뻐하지도 않습니다. 기억하십시오. 하나님은 당신의 마음을 보십니다!

## 22장
# 그분의 사랑을 받으라

하나님과 사랑에 빠진 사람을 보게 된다면, 그 열정을 억누르거나 당신의 종교적 틀에 끼워 맞추려 하지 말고 그저 하나님을 사랑하도록 격려하십시오. 하나님의 사랑이 그들 안에서 역사하여 계명을 지키게 할 것입니다.

우리는 지금 완전히 잘못된 시각을 가지고 있습니다. 생각하는 방식을 바꿔야 합니다. 누군가 죄를 짓고 있다면, 그것은 하나님의 사랑이 그 사람 안에서 흐르지 않고 있다는 증거입니다. 예를 들어 간음하고 있는 사람이 이런 식으로 기도한다면, 그것은 잘못된 접근입니다. "하나님, 제가 정욕을 따라 살지 않게 해 주세요. 죄가 해결되어야 저의 기도가 응답 될 것 같습니다." 이것은 완전히 잘못된 태도입니다. 정욕에 휘둘리는 것은 하나님을 온 마음으로 사랑하지 않고 배우자도 진심으로 사랑하지 않기 때문입니다. 하나님과 배우자를 진심으로 사랑한다면 그런 행동은 절대 하지 않았을 것입니다. 하나님의 사랑을 받지 못했기에 그것을 줄 수도 없는 것입니다.

어떤 부류의 교회들은 서로의 삶을 정직하게 점검하고 격려하기 위해 '심도 있는 소그룹 모임accountability group'을 운영하는 곳도 있습니다. 이 모임에서는 동일한 문제로 씨름하고 있는 사람들이 함께 모여 서로의 삶을 점검하고 격려해 주는 관계를 형성하고자 합니다. 요컨대, 누군가가 당신을 점검해 준다는 뜻입니다. 하지만 하나님께 거짓말을 하고 몰래 죄를 지으려는 사람이라면 '서로 책임을 지는 그룹'도 얼마든지 피해 갈 방법을 찾을 수 있습니다. 그래서 이런 그룹이 당신의 방어선 중 하나가 될 수는 있지만 첫 번째 방어선이어서는 안 됩니다.

우리를 올바른 길에 머물게 하는 것은 하나님과의 친밀한 관계 그리고 그분의 사랑이어야 합니다.

**요셉**

요셉의 이야기를 잘 알고 계실 것입니다. 그는 형들의 질투로 인해 노예로 팔려갔고 보디발이 그를 종으로 들였습니다(창 37:25-28). 이후에 보디발의 아내가 요셉에게 간음을 강요했을 때 요셉은 이렇게 말했습니다.

> 내가 어찌 이 큰 악을 행하여 하나님께 죄를 지으리이까
>
> 창세기 39:9

요셉은 자신이 들킬지 아닐지를 따지지 않았습니다. 자신이 얼마나 고생했는지를 생각하지도 않았습니다. 그동안의 고생을 생각하면 '이렇게까지 힘들게 살아왔는데, 이번 한 번쯤은 괜찮지 않을까?'라고 스스로를 합리화하기 쉬웠을 것입니다. 그러나 요셉은 그렇게 하지 않았습니다. 그는 하나님과의 관계를 소중히 여겼고 바로 그것이 그를 끝까지 바로 설 수 있게 해 준 힘이었습니다.

이것이 많은 사람들의 삶에 결여되어 있는 요소입니다. 우리는 여러 규칙들을 만들어 놓고 그에 따라 행동들을 고치려 애쓰고 있습니다. 이른바 '행동 교정'이라는 것을 실천하고 있는 셈입니다. 당신은 아마 담배나 술 같은 좋지 않은 습관을 끊으려고 애쓰고 있을지도 모릅니다. 그렇게 하면 하나님께서 자신을 받아 주실 것으로 생각합니다. 하지만 진짜 문제는 마음 깊은 곳에서 하나님이 당신을 얼마나 사랑하시는지를 아직 제대로 이해하지 못하고 있다는 데 있습니다. 하나님과의 관계를 누려 본 적이 없는 것입니다. 정말로 하나님과 사랑에 빠진다면 그런 나쁜 습관들은 저절로 사라지게 될 것입니다.

하나님은 우리의 행동과 상관없이 우리를 사랑하십니다. 만약 그 사랑을 진정한 계시로 받아들이고 깨닫게 된다면 우리는 하나님께 너무나 감사하게 될 것입니다. 전능하신 하나님은 우리를

미워하실 자격이 있는 유일한 분이시지만, 그럼에도 불구하고 그분이 우리를 사랑하신다는 사실은 감격스러운 일입니다. 하나님의 무조건적인 사랑을 깨달으면 우리는 하나님께 완전히 반해 버릴 것입니다. 하나님을 기쁘시게 할 수 있다면 어떤 것이라도 기꺼이 끊을 수 있을 것입니다. 무엇이든 할 수 있다고 느끼게 될 것입니다. 더 이상 '하나님께서 내 기도에 응답하시게 하려면 최소한 얼마큼 해야 하는 걸까?'라고 묻지 않을 것입니다. 오히려 온 마음을 다해 하나님을 섬기게 될 것입니다.

**첫 번째 단계**

하나님은 우리를 사랑하십니다! 우리가 하나님의 사랑을 전한다면 사람들은 그 사랑 때문에 기꺼이 그분을 위해 목숨을 바칠 것입니다. 사랑은 두려움보다 더 강력한 동기이기 때문입니다. '내가 하나님을 사랑하게 된다면 무슨 일이 일어날까? 죄를 짓게 되지 않을까?'라고 염려할 필요는 없습니다. 하나님을 사랑하기만 해도 애써 노력할 때보다 훨씬 더 많이 하나님을 섬기게 될 것입니다.

얼마 전, 시카고의 한 친구 목사님이 하나님의 사랑과 은혜를 전하기 시작했습니다. 그는 이렇게 말했습니다. "우리는 하나님을 사랑하기만 하면 됩니다. 하나님은 우리에게 화내고 계시지 않습니다. 예를 들어 담배를 피운다고 해서 지옥에 가지는 않습니다."

이 말에 교회의 몇몇 장로들이 크게 반발했습니다. 몇 주가 지나자 몇몇 교인들이 교회로 사람들이 드나드는 입구에서 담배를 피우기 시작했습니다. 그러자 장로들이 목사에게 와서 말했습니다. "목사님의 설교가 이렇게 만든 겁니다! 사람들이 입구에서 담배를 피우게 됐으니 목사님이 담배를 피우든 말든 하나님은 그들을 사랑하신다고 하셨기 때문입니다."

목사님은 지혜롭게 이렇게 대답하셨습니다. "제가 그 설교를 시작한 이후로 담배를 새로 피우기 시작한 사람이 있는지 물어보세요." 실제로 목사님의 설교 때문에 담배를 피우기 시작한 사람은 아무도 없었습니다. 그저 위선을 벗었을 뿐이고 더 이상 숨기려 하지 않았습니다. 이제는 숨기지 않고 담배를 피우고 있었고 그것은 그들이 누리기 시작한 자유의 첫 번째 단계였습니다.

기준을 바꾸자는 것이 아닙니다. 이것은 새로운 계명이 아니라 여전히 같은 계명입니다. 다만 방법이 달라졌을 뿐입니다. "하나님께 사랑받기 원한다면 그런 일을 그만두라."고 말하는 대신에 "하나님은 당신이 어떤 모습이든 그럼에도 불구하고 사랑하십니다."라고 말해 주십시오. 하나님의 사랑을 알게 되면 그 사랑이 그들을 거룩한 삶으로 이끌고, 바른 일을 행하도록 영감을 주며 힘을 실어줄 것입니다.

예수님이 그렇게 하셨습니다. 예수님은 창녀와 세리처럼 당시 종교 체계에서 버림받은 사람들을 품으셨습니다. 예수님께서 오늘날 이 땅에 계신다면, 그때와 똑같이 행동하셨을 것입니다.

종교 지도자들은 그분을 박해하고 종교적인 사람들 역시 그분을 십자가에 못 박았을 것입니다. 지금의 종교 체계 안에서는 3년조차 버티지 못하셨을 것입니다. 아마도 훨씬 더 빨리 십자가에 못 박히셨을 것입니다. 그분은 사람들의 행함과 상관없이 그들을 사랑하셨기 때문입니다. 그리고 그분은 그들의 행위가 아니라 하나님의 사랑을 받아들이느냐를 기준으로 언약을 맺으셨습니다.

교회는 잘못된 메시지를 전해 왔습니다. 사람은 육신을 따라 곧 행동과 겉모습으로 다른 사람을 판단하는 경향이 있습니다. 우리는 영을 따라 사람들을 조건 없이 사랑해야 합니다. 그러나 자신이 갖고 있지 않은 것은 줄 수 없습니다. 그러므로 무엇보다 먼저, 하나님의 조건 없는 사랑을 받아야 합니다.

**주님은 당신을 자유케 하길 원하신다**

당신은 지금 영적 난독증으로 고통받고 있습니까? 하나님의 사랑을 받으려면 어떤 특정한 문제를 극복해야 한다고 생각하십니까? 혹시 당신은 마음속으로 이렇게 말하고 있지 않습니까? "주님, 저는 주님의 사랑을 알고 싶습니다. 단순한 감동이나 느낌이 아니라 영적인 계시가 필요합니다. 주님, 저에게 주님의 사랑을 보여 주세요!" 그 사랑을 알게 되면 당신의 삶은 변화될 것입니다. 저도 그렇게 변화되었습니다.

혹시 지금 마음속에서 이런 고백이 나오고 있습니까? "주님, 제가 이 모든 걸 잘못하고 있었네요. 겉을 바꿔 안으로 들어가려 했지, 안에서부터 바꾸려 하지는 않았어요." 성령님께서 당신에게 하나님의 사랑이 계시되어야 한다는 것을 깨닫게 하고 계십니까? 그렇다면 그것은 하나님께서 당신을 자유롭게 하시기를 원하신다는 뜻입니다.

자신에게 정직해지십시오. "저는 하나님의 사랑에 대한 계시가 없습니다. 저는 완전한 변화가 필요합니다. 이 영적 난독증에서 치유받고 하나님의 사랑에 대한 계시를 받아야 합니다." 이것이 지금 당신의 고백이라면 제가 당신을 위해 기도하겠습니다. 하나님은 지금 당신의 마음에 기적을 행하기를 원하십니다. 하나님은 당신을 안에서부터 밖으로 변화시키기를 원하십니다.

하나님의 무조건적인 사랑을 영적인 계시로 깨닫고 그 사랑 안에서 행하기 시작하면 당신의 행동은 달라질 것입니다. 하나님의 사랑이 당신을 자유케 할 것입니다. 완전한 사랑은 언제나 두려움을 내쫓기 때문입니다(요일 4:18).

## 마음을 열고 하나님의 사랑을 받으라

하나님은 저의 삶을 만지시고 변화시켜 주셨습니다. 하나님은 사람을 차별하지 않으시기 때문에 저에게 보여 주신 무조건적인 사랑을 당신에게도 그대로 나타내기를 원하십니다. 우리가 할 일은 마음을 열고 그 사랑을 받아들이는 것입니다.

지금 바로 이 기도를 소리 내어 따라 해 보십시오.

아버지, 저의 초점은 외적인 것에 맞춰져 있었습니다. 저는 당신께서 저를 사랑하시도록 이 모든 잘못된 행동을 멈추고 저 자신을 스스로 깨끗하게 하려고 해 왔습니다. 그러나 그 방법이 아니라 당신의 사랑을 받는 것이 관건이라는 것을 알게 되었습니다. 아버지, 저는 당신을 알고 싶습니다. 저는 당신의 사랑에 대한 영적인 계시를 받기를 갈망합니다. 당신의 말씀은 성령께서 저에게 모든 것을 가르치시고 모든 진리로 인도하시며 예수님께서 저에게 말씀하신 모든 것을 기억나게 하신다고 말합니다. 저는 지금 이 순간, 하나님께서 성령을 통해 자신이 누구이신지를 저에게 보여 주고 계신다고 믿습니다. 저는 믿음으로 당신의 무조건적인 사랑을 받습니다.

아버지, 행위 중심의 사고방식이 제 안에 만들어 낸 이 죄책감과 수치심, 혼란, 정죄의 감정들을 깨뜨려 주시기를 구합니다. 당신의 초자연적인 사랑을 저에게 보여 주셔서 감사합니다. 지금 이 순간, 저는 제 안에 한 알의 씨가 심기고 있으며 그것이 자라날 것이라고 믿습니다. 제가 당신의 말씀에서 온 이 진리들을 묵상할 때, 그것들은 더 깊은 확신이 되고 당신의 무조건적인 사랑에 대한 더 깊은 계시가 될 것입니다. 당신의 사랑이 저로 하여금 바르게 살도록 하실 것이기에 감사드립니다. 제 삶의 속박들을 끊는 것은 당신의 사랑입니다. 저는 당신의 사랑을 받습니다. 예수님, 감사합니다!

다른 사람들이 당신에게 상처를 입힌 적이 있습니까? 학대를 당한 적이 있습니까? 혹시 그런 일들을 하나님께 투영하면서 하나님도 그 사람들처럼 당신을 대하신다고 생각하고 있다면 그것은 잘못된 생각입니다. 다른 사람들에게 당한 일로 인해 하나님께 분노하는 것은 비이성적인 태도입니다. 하나님은 그런 분이 아니십니다. 하나님은 모든 일을 조종하지 않으십니다. 하나님은 선하신 분이십니다. 하나님은 언제나 신실하셨고 결코 당신을 실망시키신 적이 없습니다.

이제 이렇게 기도하십시오.

아버지, 당신은 저에게 신실하셨고 선하셨습니다. 제가 사랑스러울 때만, 제가 옳은 일을 했을 때만 저를 사랑하신다는 사단의 거짓말을 그대로 받아들인 것을 용서해 주십시오. 또한 당신의 말씀에서 제대로 확인하지 않고 사단의 거짓에 속아 넘어간 것 역시 용서해 주십시오. 지금 하나님께서 모든 종교적인 속박에서 저를 자유롭게 하신다고 믿습니다. 저는 이 순간, 하나님의 무조건적인 사랑을 경험하기 시작합니다. 제 삶에서 하나님을 아는 지식에 대적하여 높아진 이 종교적인 견고한 진들을 무너뜨립니다.

저의 영적 무기를 사용하여 그 모든 것들을 무너뜨리고, 모든 생각을 사로잡아 그리스도께 복종시킵니다.

한 가지 더 함께 기도하면 좋겠습니다.

아버지, 이 진리들을 성령께서 다시 기억나게 해 주실 것을 인하여 감사드립니다. 당신의 말씀이 제 안에서 불처럼 타올라 이 모든 잘못된 생각들을 깨끗이 제거할 것이고, 저는 당신을 선하시고 긍휼이 풍성하시며 인자하신 하늘 아버지로 친밀하게 알게 될 것을 믿습니다. 제가 받아야 할 모든 심판을 당신은 예수님께 내리셨습니다. 당신은 저에게 분노하고 계시지 않습니다. 저에게 실망하지도 않으셨습니다. 전쟁은 끝났습니다. 저의 죄에 대한 당신의 진노는 이미 해결되었습니다. 당신은 저를 거절하지 않으시려고 당신의 아들을 거절하셨습니다. 저를 사랑해 주셔서 감사합니다. 저는 그 사랑을 받습니다!

지금 잠시 시간을 내어 주님을 찬양하고 경배하면서 그분의 무조건적인 사랑에 온전히 잠기십시오. 그분의 놀라운 임재를 누리십시오. 이러한 하나님과의 관계야말로 우리가 창조된 목적입니다!

## 계시는 점진적인 것

계시는 점진적인 것입니다. 저 역시 1968년 3월 23일 주님을 인격적으로 만났지만, 그 이후로 하나님께서 행하신 일들을 통해 엄청나게 성장해 왔습니다. 당시에는 감정적인 체험이 있었지만, 감정은 영원히 지속되지 않습니다. 만일 제가 그 진리를 받아들이지 않고 묵상하거나 배우지 않았다면, 그 체험은 이미 오래전에 잊어버렸을 것입니다. 우리를 자유케 하는 것은 우리가 알고 마음에 확고히 세운 진리입니다(요 8:32). 감정은 중요하지 않습니다. 우리는 스스로에게 진리를 말하며 감정을 다스릴 수 있습니다. 소름이 끼치는 경험이 없어도 하나님의 임재를 누리는 법을 배울 수 있습니다. 하나님의 사랑은 감정이 아닙니다. 그것은 계시입니다. 그 계시가 감정을 일으킬 수도 있지만 감정은 왔다가 사라집니다. 그러나 감사하게도 계시는 사라지지 않습니다.

제가 앞서 제안한 기도를 믿음으로 드렸다면 하나님께서 지금 당신의 삶 가운데 역사하고 계십니다. 하나님의 말씀으로 가십시오. 기도하며 그분을 찾으십시오. 이 진리들을 묵상하면 주님께서 계속해서 자신의 사랑을 계시해 주실 것입니다. 주님은 우리가 전심으로 그분을 찾으면 반드시 만나게 될 것이라고 약속하셨습니다(렘 29:13). "하나님은 사랑이십니다."(요일 4:8) 하나님은 자신을 당신에게 드러내시고, 당신을 더 깊은 관계로 이끌기를 원하십니다. 할렐루야! 전쟁은 끝났습니다!

# 예수님을 구주로 영접하는 기도

예수 그리스도를 구세주로 영접하는 선택은 우리가 평생 내리는 결정 중에 가장 중요한 결정입니다!

하나님의 말씀은 이렇게 약속하고 있습니다.

> 네가 만일 네 입으로 예수를 주로 시인하며 또 하나님께서 그를 죽은 자 가운데서 살리신 것을 네 마음에 믿으면 구원을 받으리라 사람이 마음으로 믿어 의에 이르고 입으로 시인하여 구원에 이르느니라  로마서 10:9-10

> 누구든지 주의 이름을 부르는 자는 구원을 받으리라
> 로마서 10:13

하나님께서는 그분의 은혜로, 우리에게 구원을 주시기 위한 모든 일을 이미 다 마무리 해놓으셨습니다. 이제 우리의 할 일은 단지 믿고 받아들이는 것뿐입니다.

이렇게 소리 내어 기도하십시오. "예수님, 예수님이 나의 주님이시며 나의 구원자이심을 고백합니다. 나는 내 마음으로 하나님께서 예수님을 죽은 자 가운데서 살리신 것을 믿습니다. 나는 하나님의 말씀을 믿음으로써 지금 구원을 받습니다. 저를 구원해 주셔서 감사합니다."

예수 그리스도께 인생을 맡기는 바로 그 순간 그 말씀의 진리가 즉시 영 안으로 들어갑니다. 이제 당신은 거듭났으므로 완전히 새로운 사람이 된 것입니다.

새로운 삶을 얻게 된 것을 진심으로 축하하고 환영합니다!

# 성령세례를 받는 기도

당신을 사랑하시는 하늘 아버지께서는 하나님의 자녀가 된 당신에게 앞으로 새로운 삶을 사는 데 필요한 초자연적인 능력을 주고 싶어 하십니다.

구하는 이마다 받을 것이요 찾는 이는 찾아낼 것이요 두드리는 이에게는 열릴 것이니라 … 하물며 너희 하늘 아버지께서 구하는 자에게 성령을 주시지 않겠느냐

누가복음 11:10-13

이제 할 일은 구하고, 믿고, 받는 것뿐입니다!

이렇게 기도하십시오. "아버지, 이 새로운 삶을 살기 위해서는 나에게 하나님의 능력이 필요함을 깨닫습니다. 저를 성령으로 채워 주세요. 이 순간, 나는 믿음으로 성령을 받습니다! 나에게 성령세례를 주시니 감사합니다! 성령님을 저의 삶에 초청합니다. 성령님을 환영합니다!"

축하합니다! 이제 당신은 하나님의 초자연적인 능력으로 충만해졌습니다!

무슨 말인지 모르는 언어가 마음속에서부터 입으로 솟아오를 것입니다(고전 14:14). 그것을 믿음으로 크게 말할 때 하나님의 능력이 안에서부터 흘러나와 당신을 영적으로 세워 줄 것입니다(고전 14:4). 이제 언제 어디서든지 원할 때마다 방언으로 기도할 수 있습니다.

주님을 영접하는 기도를 했을 때 그리고 주님의 성령을 받기 위해 기도했을 때 무엇을 느꼈든 아니면 아무것도 느끼지 못했든 그것은 전혀 중요하지 않습니다. 받은 줄로 마음에 믿으면 받은 것이라고 하나님의 말씀이 약속합니다.

> 그러므로 내가 너희에게 말하노니 무엇이든지 기도하고 구하는 것은 받은 줄로 믿으라 그리하면 너희에게 그대로 되리라
> 마가복음 11:24

하나님은 언제나 그분의 말씀을 지키십니다. 그것을 믿으십시오!

## 저자 소개

1968년 3월 23일 하나님의 초자연적인 사랑을 대면한 뒤, 앤드류 워맥의 삶은 완전히 변화되었습니다. 저명한 교사이자 저자인 앤드류 워맥의 사명은 세상이 하나님을 보는 관점을 바꾸는 것입니다.

그의 비전은 복음을 가능한 한 널리 그리고 깊게 전하는 것입니다. 그의 메시지는 TV 프로그램 '복음의 진리Gospel Truth'를 통해 거의 전 세계 인구의 반 이상이 볼 수 있는 상태로 널리 전해지고 있습니다. 또한 콜로라도 우드랜드 파크에 위치해 있는 캐리스 바이블 칼리지 Charis Bible College를 통해 깊게 전해지고 있습니다. 1994년 설립된 캐리스는 이제 미국 전역과 전 세계에 분교를 세워가고 있습니다.

앤드류 워맥 목사의 설교 자료는 책과 음원 그리고 영상으로 제작되어 있으며 앤드류 워맥 미니스트리 홈페이지에 무료로 제공되어 있습니다.

**연락처**
앤드류 워맥 미니스트리Andrew Wommack Ministries
홈페이지 www.awmi.net
이메일 info@awmi.net
719-635-1111

캐리스 바이블 칼리지Charis Bible College
홈페이지 www.charisbiblecollege.org
이메일 admissions@awmcharis.com
844-360-9577

## 믿음의말씀사 출판물

구입문의 : 031-8005-5483  http://faithbook.kr

■ 케네스 해긴의 「믿음 도서관」 책들
- 새로운 탄생
- 재정 분야의 순종
- 나는 지옥에 갔다 왔습니다
- 하나님의 처방약
- 더 좋은 언약
- 예수의 보배로운 피
- 하나님을 탓하지 마십시오
- 네 주장을 변론하라
- 셀 모임에서 성령인도 받기
- 안수
- 치유를 유지하는 법
- 사랑은 결코 실패하지 않습니다
- 하나님께서 내게 가르쳐 주신 형통의 계시
- 왜 능력 아래 쓰러지는가?
- 다가오는 회복
- 잊어버리는 법을 배우기
- 위대한 세 단어
- 하나님의 은사와 부르심
- 그 이름은 "놀라우신 분"
- 우리에게 속한 것을 알기
- 성령을 받는 성경적인 방법
- 하나님의 영광
- 은혜 안에서의 성장을 방해하는 다섯 가지
- 사랑 가운데 걷는 법
- 바울의 계시: 화해의 복음
- 당신은 당신이 말하는 것을 가질 수 있습니다
- 그리스도 안에서
- 말
- 방언기도의 능력을 풀어 놓으라
- 옳은 사고방식 틀린 사고방식
- 속량 – 가난, 질병, 영적 죽음에서 값 주고 되사다
- 네 염려를 주께 맡겨라
- 예언을 분별하는 일곱 단계
- 절망적인 상황을 반전시키기
- 당신의 믿음을 풀어 놓는 법
- 진짜 믿음
- 믿음이란 무엇인가
- 그리스도께서 지금 하고 계시는 일
- 충분하고도 넘치는 하나님 엘 샤다이
- 금식에 관한 상식
- 하나님의 말씀 : 모든 것을 고치는 치료제
- 가족을 섬기는 법
- 조에
- 당신이 알아야 하는 신유에 관한 일곱 가지 원리
- 여성에 관한 질문들
- 인간의 세 가지 본성
- 몸의 치유와 속죄
- 크게 성장하는 믿음
- 하나님 가족의 특권

- 기도의 기술
- 나는 환상을 믿습니다
- 병을 고치는 하나님의 말씀
- 영적 성장
- 신선한 기름부음
- 믿음이 흔들리고 패배한 것 같을 때 승리를 얻는 법
- 믿음의 선한 싸움을 싸우는 법
- 하나님의 계획과 목적과 추구
- 예수 열린 문
- 믿음의 계단
- 당신을 향한 하나님의 계획
- 역사하는 기도
- 기름부음의 이해
- 내주하시는 성령 임하시는 성령
- 재정적인 번영에 대한 성경적 열쇠들
- 어떻게 하나님의 영으로 인도받을 수 있는가?
- 마이더스 터치
- 치유의 기름부음
- 그리스도의 선물
- 방언
- 믿는 자의 권세(생애기념판)
- 믿음의 양식
- 승리하는 교회

■ E. W. 케년
- 십자가에서 보좌까지 무슨 일이 일어났는가?
- 두 가지 의
- 놀라우신 그 이름 예수
- 하나님 아버지와 그분의 가족
- 나의 신분증
- 두 가지 생명
- 새로운 종류의 사랑
- 그분의 임재 안에서
- 속량의 관점에서 본 성경
- 두 가지 지식
- 피의 언약
- 숨은 사람
- 두 가지 믿음
- 새로운 피조물의 실재

■ 스미스 위글스워스
- 스미스 위글스워스의 천국
- 스미스 위글스워스의 매일묵상
- 위글스워스는 이렇게 했다
- 스미스 위글스워스의 능력의 비밀

■ T. L. 오스본
- 행동하는 신자들
- 기적 – 하나님 사랑의 증거
- 새롭게 시작하는 기적 인생

- 좋은 인생
- 성경적인 치유
- 능력으로 역사하는 메시지
- 100개의 신유 진리
- 24 기도 원리 7 기도 우선순위
- 하나님의 큰 그림
- 긍정적 욕망의 힘
- 당신은 하나님의 최고의 작품입니다

■ 잔 오스틴
- 믿음의 말씀 고백기도집
- 하나님의 사랑의 흐름
- 견고한 진 무너뜨리기
- 초자연적인 흐름을 따르는 법
- 당신의 운명을 바꿀 수 있습니다
- 어떻게 하나님의 능력을 풀어놓을 수 있는가?

■ 크리스 오야킬로메
- 여기서 머물지 말라
- 이제 당신이 거듭났으니
- 당신의 인생을 재창조하라
- 이 마차에 함께 타라
- 그리스도 안에 있는 당신의 권리
- 성령님과 당신
- 성령님이 당신 안에서 행하실 일곱 가지
- 성령님이 당신을 위해 행하실 일곱 가지
- 기적을 받고 유지하는 법
- 하나님께서 당신을 방문하실 때
- 올바른 방식으로 기도하기
- 당신의 믿음을 역사하게 하는 법
- 끝없이 샘솟는 기쁨
- 기름과 겉옷
- 약속의 땅
- 하나님의 일곱 영
- 예언
- 시온의 문
- 하늘에서 온 치유
- 효과적으로 기도하는 법
- 어떤 질병도 없이
- 주제별 말씀의 실재
- 마음의 능력

■ 앤드류 워맥
- 당신은 이미 가졌습니다
- 은혜와 믿음의 균형 안에 사는 삶
- 하나님은 당신이 건강하기 원하십니다
- 영·혼·몸
- 전쟁은 끝났습니다
- 믿는 자의 권세
- 새로운 당신과 성령님
- 노력 없이 오는 변화
- 하나님의 충만함 안에 거하는 열쇠
- 더 좋은 기도 방법 한 가지
- 재정의 청지기 직분
- 하나님을 제한하지 마라

- 하나님의 뜻을 발견하고 따라가며 성취하라
- 하나님의 참 본성
- 하나님의 최선 안에 사는 법
- 더 큰 은혜 더 큰 은총
- 리더십의 10가지 핵심요소

■ 기타「믿음의 말씀」설교자들
- 성령의 삶 능력의 삶
- 복을 취하는 법
- 주는 자에게 복이 되는 선물
- 믿음으로 사는 삶
- 붉은 줄의 기적
- 당신이 말한 대로 얻게 됩니다
- 예수–치유의 길 건강의 능력
- 성령 안의 내 능력
- 존 G. 레이크의 치유
- 믿음과 고백
- 임재 중심 교회
- 성령충만한 그리스도인의 지침서
- 열정과 끈기
- 제자 만들기
- 어떻게 교회를 배가하는가
- 운명
- 모든 사람을 위한 치유
- 회복된 통치권
- 그렇지 않습니다
- 당신의 자녀를 리더로 훈련하라
- 오순절 운동을 일으킨 하나님의 바람
- 주일 예배를 넘어서
- 신약교회를 찾아서
- 내가 올 때까지
- 매일의 불씨
- 여성의 건강한 자아상

■ 김진호·최순애
- 왕과 제사장
- 새로운 피조물의 실재
- 믿음의 반석
- 새 언약의 기도
- 새로운 피조물 고백기도집(한글판/한영대조판)
- 성령 인도
- 복음의 신조
- 존중하는 삶
- 성경의 세 가지 접근
- 말씀 묵상과 고백
- 그리스도의 교리
- 영혼 구원
- 새로운 피조물
- 믿음의 말씀 운동의 뿌리
- 1인 기업가 마인드
- 내 양을 치라
- 새사람을 입으라